마케팅·광고척도 핸드북 Ⅱ

이상빈 · 리대룡 · 박희랑 공저

학지사

저자서문

『마케팅 · 광고척도 핸드북 I』은 1990년대까지의 노고를 담았고, 『마케팅 · 광고척도 핸드북 II』에서는 그 이후에 발표된 값진 연구물들을 일부나마 정리하고자 하였다. 척도는 비교적 시간의 구애를 받지 않는다고는 하지만, 마케팅이나 광고 분야에 괄목할 만한 변화가 진행되고 있는 현재의 상황을 평가하기 위한 척도를 개발하는 것은 긴요한 일일 것이다. 이러한 측면에서 이번에는 지난번의 부족함을 더 많이 채워야 했지만, 욕심만큼 이루지 못했음을 실토할 수밖에 없다.

『마케팅 · 광고척도 핸드북 II』는 『마케팅 · 광고척도 핸드북 I』과는 달리 여덟 개의 장으로 묶어 단순화하였고, 『마케팅 · 광고척도 핸드북 I』에서 많이 다룬 부분들은 상대적으로 가능한 한 약화시켰다. 장에 따라서 포함된 척도의 수에서 많은 차이가 나기도 하는데, 이것은 그만큼 그간의 마케팅 분야의 관심과 접근에 대한 변화를 반영한 것이라고도 볼 수 있다. 전문 용어나 통계적 용어들은 각 척도의 개발자들이 사용한 용어들을 가능한 한 그대로 게재하였으며, 이 책의 참고문헌과 본문의 숫자에 관한 기술 형식은 한국심리학회의 『학술논문 작성 및 출판 지침』(2001)에 따라 통일하였다. 또한 각 척도의 기술 내용은 『마케팅 · 광고척도 핸드북 I』과 동일한 형식으로 정리하였다. 이를 살펴보면 다음과 같다.

- **구성개념(construct)** 척도의 저자에 의해 제공된 구성개념의 정의 혹은 이론적 근거
- **기술(description)** 문항 수, 척도점, 채점 절차 및 측정 차원을 포괄하는 측정 특징들의 기술
- **개발(development)** 척도의 개발방법(즉, 원척도의 개발에 관한 출처로부터 이용 척도를 추출하는 데 사용된 절차 등)

- **표본**(sample) 척도 개발과 타당화에 사용된 표본 수
- **신뢰도와 타당도**(reliability and validity) 척도 개발로부터 얻어진 신뢰도와 타당도 및 절차
- **출처**(source) 척도의 출처(외국에서 제작된 척도를 번안하여 구성한 경우는 원척도의 출처도 포함)
- **참고문헌**(reference) 척도의 출처와 관련된 참고문헌
- **척도문항**(scale items) 척도의 실제 문항들

척도들을 선별하고 정리한다는 것이 생각보다 쉽지는 않았다. 이 책만으로 용이하게 이해하거나 활용하기가 쉽지 않을 때는 척도 개발자의 원논문을 충분히 참고하여야 할 것이다. 요즘은 인터넷을 통해 원논문을 쉽게 접할 수 있으므로 이러한 방법을 적극 권장한다. 따라서 이 책을 완벽한 정보라기보다는 그 전 단계의 정보로 활용해 주면 저자들의 어깨도 한결 가벼워질 것 같다.

광고나 마케팅 분야에 종사하는 사람이면 책꽂이에 으레 이 책이 꽂혀 있더라는 말은 저자 들으라는 말이라고 흘려들었지만, 사실 이번 책도 정말 그랬으면 좋겠다. 이것은 순전히 척도를 직접 개발한 많은 저자 분들은 말할 것도 없고, 원고가 만들어지기까지 직·간접적으로 도움을 주신 여러 분들의 노고의 산물이다. 그분들께 다시 한 번 심심한 감사의 말씀을 전한다.

이번 책에는 마케팅과 조사 현장에서 많은 경험을 쌓아 온 박희랑 군이 새롭게 저자로 참여하였다. 박희랑 군에게 감사의 마음을 전한다. 또한 이 책의 발간을 흔쾌히 허락해 주신 (주)학지사 김진환 사장님과 원고의 내용을 꼼꼼하게 검토하여 준 편집부 김선우 씨 외 편집진의 노고에 진심으로 감사드린다.

2009년 1월

대표 저자 이상빈

차 례

제6장 인터넷 관련 척도 215

제7장 이미지 관련 척도 263

제1장 소비자 관련 척도

1 각성 척도

구성개념

Mehrabian과 Russell(1974)의 감정 구조에 관한 2차원적 구조 모형에 의하면 모든 감정 반응과 감정 상태는 유쾌함의 차원(pleasure-displeasure)과 각성 수준의 차원(arousal-sleepiness)이라는 두 개의 상호 독립적인 혹은 양극의 지각적인 차원으로 이루어진 감정 내에서의 어느 한 점으로 표현될 수 있다. 즉, 각성 수준은 감정의 구조에 관한 2차원적 구조 모형의 두 번째 차원이다. 그러나 이는 생리적 각성 수준 자체를 의미하기보다는 그에 대한 사람들의 지각을 지칭하는 것으로, 특정 상황에 대하여 사람들이 느끼는 수준—활력 있는/활력 없는, 흥분되는/차분한, 정신이 번쩍 드는/졸리는 등—을 의미한다.

기술

여섯 개의 문항으로 구성된 7점 의미변별 척도다.

개발

Mehrabian과 Russell(1974)의 PAD(Pleasure-Arousal-Dominance) 척도 가운데 각성 측정 척도를 토대로 개발하였다.

표본

실험에 참여한 피험자는 대학생 327명으로, 불성실 응답자를 제외한 315명이

16개의 실험집단에 무선적으로 배치되었다.

신뢰도와 타당도

내적 일치도 계수인 Cronbach의 α=.92다.

출처

김자경 (2000). TV 프로그램에 의해 유발된 소비자들의 무드 상태가 광고태도 (Aad)에 미치는 영향. **광고학연구**, 11(3), 109-146.

참고문헌

Mehrabian, A., & Russell, J. A. (1974). *An approach to environmental psychology*. Cambridge, MA: MIT Press.

척도문항

1. 흥분된 ——— 차분한
2. 긴장된 ——— 긴장이 풀린
3. 정신이 번쩍 드는 ——— 졸린
4. 초조한 ——— 지루한
5. 자극된 ——— 자극되지 않은
6. 격렬한 ——— 잔잔한

2 무드 척도

구성개념

무드(mood)는 소비자 행동 분야에서 매우 중요한 연구 주제 가운데 하나다. 이는 무드가 우리 생활에 깊고 넓은 영향력을 미치는 특성이 있기 때문이다. 이러한 중요성에도 불구하고 무드의 개념은 아직 명확하게 정의되지 않고 있어 애매모호한 측면이 있는데, 이에 대한 이유로는 두 가지가 있다. 첫째, 무드를 연구하는 연구자들이 누구나 무드의 존재를 인식하고 그 정의에 동의하고 있다고 당연시하기 때문이다. 둘째, 무드의 특징에 따른 개념의 정의와 간소화에 대한 어려움 때문이다(Luomala & Laaksonen, 2000). Isen(1984)에 따르면 무드에는 두 가지 종류의 감정적인 상태가 있다. 첫 번째는 그가 정서(emotion)라고 부르는 것으로 다음과 같이 정의된다. "정서는…… ① 더 강렬하고, ② 정신적인 징후뿐 아니라 육체적인 징후도 가진다(그러나 이 둘은 원인에 의해 영향받는다고 여겨지지 않는다)." (p. 184) 이 연구에서 좀 더 흥미로운 감정의 두 번째 범주는 느낌 또는 무드다. 무드(느끼는 상태)는 다음과 같이 정의된다. "……감정과 연관되어 있지 않고, 사건에 영향을 주며, 생활에 널리 퍼져 있고, 광범위하며, 일반화된 감정적 구성 요소 또는 상태다……." (p. 184) Isen에 따르면 정서는 무드보다 더 세부적이며, 무드는 자극에 대한 평가나 의사결정과 같이 감정과 관련되어 있지 않은 사건에 영향을 미친다. Cohen과 Areni(1991)는 정서가 세부적이며 진행되고 있는 활동을 방해한다면, 무드는 그것이 사람들의 활동에 영향을 미치고 있다는 사실을 그들이 인식하지 못하는 상태에서 존재할 수 있다고 가정한다. 결과적으로 무드는 정서보다 더 부드러운 표현이라고 가정한다.

기술

네 개의 문항으로 구성된 7점 의미변별 척도다.

개발

Peterson과 Sauber(1983)의 무드 척도를 Swinyard(1993)가 한 개 문항을 줄여 네 개의 문항으로 만든 척도를 사용하였다.

표본

이화여자대학교 학부생 45명을 대상으로 하였다.

신뢰도와 타당도

내적 일치도 계수인 Cronbach의 $\alpha=.95$다.

출처

양윤, 최훈희 (2002). 무드와 제품 범주에 따른 다양성 추구 행동과 무드와 다양성 추구 경향성에 따른 정보탐색 행동. **광고학연구**, 13(3), 71-102.

참고문헌

Cohen, J. B., & Areni. C. S. (1991). Affect and consumer behavior. In T. S. Robertson & H. H. Kassarjian (Eds.), *Handbook of consumer behavior* (pp. 188-240). Englewood Cliffs, NJ: Prentice-Hall.

Isen, A. (1984). Toward understanding the role of affect in cognition. In R. S. Wyer & T. K. Srull (Eds.), *Handbook of social cognition* (pp. 179-236). Hillsdale, NJ: Erlbaum.

Luomala, H. T., & Laaksonen, M. (2000). Contributions from mood research. *Psychology and Marketing, 17*(3), 195-233.

Peterson, R., & Sauber, M. (1983). A mood scale for survey research. In

P. Murphy et al. (Eds.), *AMA Educators' preceedings* (pp. 409-414). Chicago: American Marketing Association.

Swinyard, W. R. (1993). The effect of mood, involvement, and quality of store experience of shopping intentions. *Journal of Consumer Research, 20*(September), 271-280.

척도문항

1. 슬픈 ——— 기쁜
2. 기분이 나쁜 ——— 기분이 좋은
3. 짜증나는 ——— 즐거운
4. 우울한 ——— 신나는

3 무드의 유쾌함 척도

구성개념

Mehrabian과 Russell(1974)의 감정 구조에 관한 2차원적 구조 모형에 의하면 모든 감정 반응과 감정 상태는 유쾌함의 차원과 각성 수준의 차원이라는 두 개의 상호 독립적인 혹은 양극의 지각적인 차원으로 이루어진 감정 공간 내에서의 어느 한 점으로 표현될 수 있다. 유쾌함의 차원은 무드의 '쾌락적 톤(hedonic tone)' 혹은 '무드가(valence of mood)'라고도 불리며, 어떤 상황에서 한 개인이 느끼는 정서—좋은/나쁜, 행복한/불행한, 기쁜/슬픈의 정도 등—를 의미한다. 이 유쾌함이라는 개념은 인간의 감정적 경험과 관련해 너무 많은 맥락에서 등장하는 개념이므로, 접근방법에 관계없이 대부분의 이론들에서 감정을 정의하는 가장 필수적인 특징으로 다루어져 왔다.

기술

다섯 개 문항으로 구성된 7점 의미변별 척도다.

개발

Mehrabian과 Russell(1974)의 PAD 척도 중 유쾌함을 측정하는 문항을 번안하여 사용하였다.

표본

실험에 참여한 피험자는 대학생 327명으로, 불성실 응답자를 제외한 315명이 16개의 실험집단에 무선적으로 배치되었다.

신뢰도와 타당도

내적 일치도 계수인 Cronbach의 $\alpha = .88$이다.

출처

김자경 (2000). TV 프로그램에 의해 유발된 소비자들의 무드 상태가 광고태도 (Aad)에 미치는 영향. 광고학연구, 11(3), 109-146.

참고문헌

Mehrabian, A., & Russell, J. A. (1974). *An approach to environmental psychology*. Cambridge, MA: MIT Press.

척도문항

1. 즐거운 ——— 우울한
2. 행복한 ——— 불행한
3. 기쁜 ——— 화난
4. 희망적인 ——— 절망적인
5. 만족스러운 ——— 불만족스러운

4 소비 가치 척도

⊡ 구성개념

Sheth, Newman과 Gross(1991)는 인간이 가지는 가치 가운데 특별히 소비 및 선택 행위와 관련하여 다섯 가지의 가치를 갖는다고 보았다. 그들에 따르면 소비자는 다양한 선택에 대한 의사결정 상황에 직면하게 되는데, 특히 시장과 관련된 소비자의 선택 행위는 구매 선택, 제품 유형 선택, 브랜드 선택으로 나눌 수 있고, 이들 세 가지 시장 선택에 가장 큰 영향을 미치는 요인으로 소비 가치가 있다. 그들은 또한 이 소비 가치를 다섯 가지 범주, 즉 기능적 가치, 사회적 가치, 정서적 가치, 상황적 가치, 진귀적 가치로 구분하였다. 기능적 가치란 제품의 품질, 기능, 가격 및 서비스와 관련된 소비 가치이고, 사회적 가치란 제품을 소비하는 사회계층 집단과 관련된 소비 가치다. 정서적 가치란 제품의 소비에 대한 긍정적이거나 부정적인 가치와 관련된 소비 가치며, 상황적 가치란 제품을 소비하게 되는 특정 상황과 관련된 소비 가치다. 마지막으로 진귀적 가치란 제품의 소비를 촉발하게 되는 새로움이나 호기심과 관련된 소비 가치를 말한다.

황민우(2001)는 소비 가치를 "특정 제품이나 특정 상표의 소비(구매 또는 선택)에 대한 결정을 내릴 때 작용하는 판단 기준"(p. 137)이라고 정의하였다.

⊡ 기술

23개 문항으로 구성된 7점 Likert 척도다.

개발

이동훈과 신강균(1997)의 연구, 정희선과 박철(1995)의 연구, Sheth, Newman과 Gross(1991)의 소비 가치 등을 참고로 하여 40개의 문항을 직접 개발하였다. 자료를 요인분석한 결과, 요인부하량이 0.4 이하인 문항을 제외한 23개의 문항으로 최종 척도를 구성하였다.

표본

편의 표본추출 방법에 의해 만 15~44세에 해당되는 400명(남자 51.3%, 여자 48.7%)을 대상으로 조사하였다.

신뢰도와 타당도

요인분석 결과, 요인부하량이 0.4 이하인 문항을 제외한 나머지 23개의 문항이 다섯 개의 요인으로 묶였으며, 척도 전체의 신뢰도에 관한 자료는 제시하지 않았다.

출처

황민우 (2001). 정보화 시대의 사회 가치가 소비 가치와 광고 표현성에 미치는 영향에 관한 연구. **광고연구**, 51, 129-151.

참고문헌

이동훈, 신강균 (1997). 제품 관여도와 라이프스타일 유형에 따른 소비자 가치 단계의 차이 분석. **광고연구**, 35, 209-236.

정희선, 박철 (1995). 우리나라 광고에 나타난 소비 가치의 변화에 관한 연구. **광고연구**, 26, 86-87.

Sheth, J. N., Newman, B. I., & Gross, B. L. (1991). *Consumption value and market choice: Theory and applications*. South-western Publication Co.

척도문항

요인 1: 사회적 가치(α=.86)

1. 유행이나 패션에 민감한 편이다.
2. 새로운 패션과 유행은 남보다 빨리 받아들인다.
3. 옷이나 소품으로 다른 사람들의 주목을 받고 싶다.
4. 친구들이 가진 물건을 보면 사고 싶어진다.
5. 연예인이나 유명인들이 사용하는 브랜드가 궁금하다.

요인 2: 기능적 가치(α=.74)

6. 물건을 살 때 꼼꼼히 살펴본다.
7. 값이 비싸도 서비스가 확실한 제품을 선택한다.
8. 물건이 꼭 필요한 경우에만 산다.
9. 디자인, 색상보다는 성능 위주로 제품을 선택한다.
10. 물건을 살 때 여러 상점을 둘러보고 가격을 비교해 본다.

요인 3: 정서적 가치(α=.70)

11. 원하는 물건을 사면 만족감을 느낀다.
12. 신제품에 대한 호기심이 강한 편이다.
13. 마음에 드는 물건이 있으면 꼭 그 제품을 구매하게 된다.
14. 다른 사람이 가진 물건과 똑같은 것을 가지고 싶지 않다.
15. 제품을 구입한 다음에 가끔 후회하기도 한다.

요인 4: 진귀적 가치(α=.65)

16. 물건을 구입할 때 되도록 유명 브랜드를 선호한다.
17. 제품 구매 시 모조품이 아닌 진품을 산다.
18. 자주 세일하는 제품은 사고 싶지 않다.
19. 고급 제품은 그 사람의 품위를 나타낸다.

요인 5: 상황적 가치(α=.58)

20. TV 광고나 신문 · 잡지 광고를 보고 주로 제품을 구매한다.
21. 매장 점원이 추천하는 제품을 사는 경향이 있다.
22. 특별한 날(생일, 연말 등)을 위해 선물을 사는 편이다.
23. 세일 기간을 기다렸다가 물건을 구입한다.

5 쇼핑 오리엔테이션 척도

구성개념

소비자의 개인차는 인구통계적 특성과 심리적 특성으로 구분할 수 있다. 여기서는 인터넷 쇼핑과 쇼핑몰 지각의 개인차를 컴퓨터 친숙도와 쇼핑 오리엔테이션이라는 심리적 특성으로 규명하였다. 소비자는 실제 쇼핑을 할 때 그 목적이 다양하다. '쇼핑 오리엔테이션(shopping orientation)'이란 개개의 소비자가 쇼핑하는 경우에 재미를 추구하거나 저렴한 가격 등을 추구하는 경향성을 뜻한다. 여기서 쇼핑 오리엔테이션은 일종의 가치관을 의미하며, 다양한 차원으로 이루어져 있다(Vinson, Scott, & Lamont, 1977). 일반적으로 소비자들이 쇼핑할 때 추구하는 목적인 쇼핑 오리엔테이션은 인터넷에서 상품을 구매하는 경우에도 반영될 것으로 추측해 볼 수 있다.

기술

15개 문항으로 구성된 5점 Likert 척도다.

개발

소비자가 평소 쇼핑을 할 때 추구하는 목적을 알아보기 위해 Moschis(1976)와 Papadopoulos(1980)의 연구를 참조하여 설문을 구성하였다.

표본

1999년 9월 27~29일 포털 사이트 (주)다음커뮤니케이션(www.daum.net)을 방문하여 설문에 응답한 총 2,907명을 대상으로 하였다. 이 중 중복 응답자 38명을 제외한 2,869명(남자 1,434명, 여자 1,435명)을 대상으로 자료를 분석하였다.

신뢰도와 타당도

ITC(Item-Total Correlation)가 .30 이상인 문항을 기준으로 분석을 실시한 결과, 19개 문항 중 15개 문항이 남았으며, 이들 문항을 주축 요인분석하여 네 개의 요인으로 묶었다. 즉, 요인 1은 기분 전환(설명변량 13.705%, α=.770), 요인 2는 자원 절약(설명변량 8.437%, α=.534), 요인 3은 알뜰 구매(설명변량 8.238%, α=.639), 요인 4는 재미 추구(설명변량 7.649%, α=.639)다.

출처

성영신, 강정석 (2000). 인터넷 쇼핑과 쇼핑몰에 대한 소비자의 지각. 광고학연구, 11(2), 7-34.

참고문헌

Moschis, G. P. (1976). Shopping orientations and consumer uses of information. *Journal of Retailing, 52*(2), 61-94.

Papadopoulos, N. G. (1980). Consumer outshopping research: Review and extension. *Journal of Retailing, 56*(4), 41-58.

Vinson, D. E., Scott, J. E., & Lamont, L. M. (1977). The role of personal values in marketing and consumer behavior. *Journal of Marketing, 41*, 44-50.

척도문항

요인 1: 기분 전환

1. 지루하거나 심심할 때 쇼핑을 가기도 한다.
2. 필요한 물건이 없어도 자주 쇼핑한다.
3. 쇼핑할 때는 기분이 좋다.
4. 세상 돌아가는 것을 알기 위해 쇼핑을 한다.

요인 2: 자원 절약

5. 쇼핑 시간을 줄이기 위해 계획을 철저히 세운다.
6. 가능한 한 쇼핑 시간을 최소한으로 한다.
7. 물건을 고를 때 가격보다 질을 우선시한다.

요인 3: 알뜰 구매

8. 시간을 충분히 두고 이것저것 다른 물건도 둘러본다.
9. 어디서 물건을 싸게 파는지 미리 알아본다.
10. 시간이 걸리더라도 싼 물건을 찾아본다.

요인 4: 재미 추구

11. 쇼핑하는 장소의 분위기에 따라서 쇼핑하는 맛이 달라진다.
12. 쇼핑을 할 때 사람들이 북적거려야 재미가 있다.
13. 쇼핑을 할 때 주로 아는 사람과 같이 간다.
14. 같은 물건이라도 어디서 샀는지가 중요하다.
15. 나는 주로 쇼핑하는 곳에서 특별 대접을 받는다.

6 운동 태도 척도

구성개념

소비자들의 상표 태도는 크게 이성적 차원(utilitarian dimension)과 감성적 차원(hedonic dimension)으로 구분된다(Batra & Ahtola, 1990). 여기서 이성적 태도란 물리적 환경을 통제하고 경제적 효용성을 최대화시키기 위한 동기에 의해서 형성된 태도 차원인 반면, 감성적 태도란 감각적 · 심미적 동기, 다양성 추구 그리고 자아의 표현 및 고양에 대한 동기에 의하여 형성된 태도 차원이라고 할 수 있다. 이를 운동 태도에 적용시킬 경우, 이성적 차원의 운동 태도란 운동이 신체적으로 얼마만큼 도움이 되고 가치 있고 유용하다고 생각하는지를 반영하는 반면, 감성적 차원의 운동 태도란 운동이 정서적으로 얼마만큼 즐겁고 재미있고 매력적이라고 생각하는지를 반영한다고 할 수 있다.

기술

이성적 차원의 운동 태도와 감성적 차원의 운동 태도를 각각 네 개의 문항씩 총 여덟 개 문항으로 구성된 7점 척도(전과 동일하다 …… 전보다 더 그렇다)다.

개발

해당 자료 없음.

표본

피험자는 서울, 청주 소재 대학교의 학생 259명(남자 171명, 여자 88명)을 대상으로 하였다.

신뢰도와 타당도

이성적 운동 태도의 내적 일치도 계수인 Cronbach의 $\alpha = .96$, 감성적 운동 태도의 내적 일치도 계수인 Cronbach의 $\alpha = .94$다.

출처

조형오, 김병희 (2000). 비만 예방 광고의 메시지 유형별 설득 효과 차이 분석. **광고학연구**, 11(4), 165-185.

참고문헌

Batra, R., & Ahtola, O. T. (1990). Measuring the hedonic and utilitarian sources of consumer attitudes. *Marketing Letters, 2*(2), 159-170.

척도문항

요인 1: 이성적 운동 태도

1. 도움이 된다
2. 가치가 있다
3. 효과적이다
4. 유용하다

요인 2: 감성적 운동 태도

5. 즐겁다
6. 재미있다
7. 매력적이다
8. 활력을 준다

7 윤리적 개념 척도

구성개념

Forsyth(1980, 1985)는 이상주의(idealism)와 상대주의(relativism)라는 가치 측면에 따라 개인의 윤리적 차별성을 측정하였다. 윤리적 가치관의 유형화에는 수많은 방법이 존재하는데, Schlenker와 Forsyth(1977)는 이를 의무론, 목적론, 회의론의 세 가지 윤리관으로 나누었다. Schlenker와 Forsyth는 상반되는 이 세 가지 이데올로기를 측정할 두 가지 척도로 상대주의와 이상주의를 개발하였다. 그들에 따르면, 사람들은 결과적으로 이러한 이데올로기적 특성에 따라 각기 다양한 행동과 논쟁 대상에 대한 다양한 윤리적 평가를 한다. Forsyth는 그의 후속 연구에서 이상주의와 상대주의라는 가치 측면을 놓고 개인의 윤리적 차별성을 측정하는 윤리적 개념 척도(Ethical Perception Questionnaire: EPQ)를 제시하였다.

기술

20개 항목으로 구성된 6점 척도(① 매우 부정 …… ⑥ 매우 긍정)다.

개발

Forsyth(1980, 1985)가 구성한 척도를 번안하여 사용하였다.

표본

참가자는 부산시에 거주하는 대학생과 30대 이상의 성인 남녀 337명을 대상으로 하였다.

신뢰도와 타당도

요인분석(주성분분석 방법에 배리맥스 회전방식 사용) 결과, 고유값이 1.0 이상인 네 개의 요인(총 설명변량 54.334%)이 추출되었다.

출처

박종민 (2003). EPQ 척도를 이용한 부당 표시 광고에 대한 소비자 인식 연구. **광고연구**, 58, 81-114.

참고문헌

Forsyth, D. R. (1980). A taxanomy of ethical ideologies. *Journal of Personality and Social Psychology, 39*, 175-184.

Forsyth, D. R. (1985). Individual differences in information integration during moral judgement. *Journal of Personality and Social Psychology, 49*, 264-272.

Schlenker, B. R., & Forsyth, D. R. (1977). On the ethics of psychological research. *Journal of Experimental Psychology, 13*, 369-396.

척도문항

요인 1: 의무론적 사고-고이상주의/저상대주의(규율 의무론적 사고)

1. 사람들은 항상 다른 사람들의 존엄성에 위협이 되는 일을 해서는 안 된다.
2. 다른 사람들의 행복을 결코 희생시켜서는 안 된다.
3. 사람들은 심리적으로 다른 사람에게 결코 해를 주면 안 된다.
4. 다른 사람에 대한 위험성은 조금이라도 용납되어서는 안 된다.
5. 사람들은 결백한 사람에게 결코 해가 되는 일을 해서는 안 된다.

6. 사람들은 결코 의도적으로 조금이라도 다른 사람에게 해를 입혀서는 안 된다.
7. 어떠한 이익이 있을지라도 다른 사람에게 해가 되는 것은 항상 잘못된 것이다.
8. 사람들의 존엄성과 행복은 어느 사회에서나 가장 중요한 것이다.
9. 도덕적 행동은 가장 '완벽한' 행동과 일치되는 개념이다.

요인 2: 행위 윤리론적 사고－고상대주의/저이상주의(행위 공리론적 사고)

10. 거짓말이 도덕적인가 비도덕적인가 하는 것은 그때그때의 상황마다 다르다.
11. 거짓말에 대한 규칙은 없다. 거짓말이 좋고 나쁘다는 것은 전적으로 상황에 달려 있다.
12. 무엇이 도덕적인가 하는 것은 때와 장소에 따라 다양하다.
13. 도덕적 기준은 개인적인 것으로, 한 사람에게 도덕적인 것이 다른 사람에게는 비도덕적인 것이 될 수 있다.
14. 나중에 일어날 수 있는 일들을 먼저 생각해서 어떤 것을 해야 할지 말아야 할지를 결정하는 것은 비도덕적인 일이다.

요인 3: 행위 윤리론적 사고－고상대주의/중이상주의(행위 의무론적 사고)

15. 다른 사람들에게 관련된 것이 너무 복잡해서 사람들은 행동에 대해서 자신만의 원칙을 결정하도록 해야 된다.
16. 도덕적 기준은 '내가 어떻게 행동해야 하는가'와 관련된 개인적인 것이므로, 자신의 기준으로 다른 사람을 판단하면 안 된다.
17. 모든 사람에게 '무엇이 윤리적인가' 하는 문제는 '무엇이 도덕적인가 비도덕적인가' 하는 문제와는 다르기 때문에 결코 해결될 수 없다.
18. 모든 사람들에게 똑같은 도덕 원칙을 따르도록 한다면 모든 사람들이 불행해질 수 있다.

요인 4: 행위론적 사고

19. 다양한 타입의 도덕성은 '올바름(rightness)'과 비교되지는 않는다.
20. 모든 사람에게 적용되는 중요한 도덕 원칙은 없다.

8-1 인지 욕구 척도(단축형)

구성개념

김완석(2007)은 "인지 욕구란 인지적 노력을 필요로 하는 활동을 얼마나 자주 하고 즐기는지에 관한 성향의 개인차를 의미한다."(p.127)라고 하였다. 또한 Cacioppo와 Petty(1982; 김완석, 2007에서 재인용)는 인지 욕구를 "인지적 노력이 필요한 활동에 참여하고 즐기는 경향성"이라고 정의하였다.

기술

총 15개 문항으로 구성되어 있다. 김완석(2007)은 본 단축형의 척도점에 대해서 기술하고 있지 않으나, 김완석(1994)의 「한국형 인지 욕구 척도 개발 연구」에서는 6점 척도(① 전혀 아니다 …… ⑥ 매우 그렇다)임에 비추어 본 단축형 척도도 6점 척도로 추정된다.

개발

김완석(1994)의 연구 1에서 모은 자료를 요인분석하여 제1요인에 대한 요인부하량을 기준으로 문항의 순위를 정하였다. 그다음 요인부하량이 높은 문항부터 순차적으로 투입하면서 내적 일치도(α)의 변화를 분석한 결과, 21번째 문항부터는 더 이상 내적 일치도가 거의 증가하지 않았다. 이 20개 문항은 새로운 표본(n=556, 일반인 180, 대학생 376)에 대해 25개의 문항으로 구성된 척도를 적용했던 김완석(1994)의 연구 2의 문항에 모두 포함되었다. 교차타당화 분석을 위해 표본을 무작위로 양분하여 그중 하나의 표본(n=228)을 대상으로 25개의 문항들을 요인분석하여 제1요인에 대한 요인부하량을 기준으로 문항의 순위를 정하였다. 그리고 요인부하량이 높은 문항부터 순차적으로 투입하면서 내적 일치도의 변화를 분석한 결과, 16번째 문항부터는 더 이상 내적 일치도가 증가하지 않았다. 따라서 이들 15개 문항을 잠정적으로 단축형 척도의 문항으로 선정하였다. 나머지 표본(n=228)에 대해 25개 문항 척도와 단축형 척도로 각각 총점을 계산하여 상관계수를 구한 결과 r= .978(p< .0001)로 매우 높게 나타났다.

표본

김완석(2007)의 연구 1의 표본은 556명(일반인 180, 대학생 376)이었으며, 연구 2의 표본은 남녀 대학생 226명이었다.

신뢰도와 타당도

김완석(2007)의 연구 1에서 15개 문항을 요인분석한 결과 고유치가 각각 6.85와 1.08인 두 개의 요인이 확인되었고, 제1요인의 설명변량이 45.7%로, 제1요인의 존재가 뚜렷했다. 그리고 15개 문항의 내적 일치도(α)는 .92였다. 연구 2의 자료를 요인분석한 결과 각각의 고유치가 6.34와 1.40인 두 개의 요인이 확인되었으며, 제1요인의 설명변량이 42.3%로, 제1요인의 존재가 두드러졌다. 이 경우 15개 문항의 내적 일치도(α)는 .90이었다. 김완석(2007)은 확증적 요인분석 결과와 다중공선성 문제 등을 고려하여 제2요인 모형이 제1요인 모형에 비해 그리 낫지 않다는 점에서 15개 문항 척도를 하나의 요인으로 간주하는 것이 타당하다고 보았다.

출처

김완석 (2007). 효율적인 인지 욕구 측정: 단축형 척도 개발. 한국심리학회지: 소비자·광고, 8(1), 127-133.

참고문헌

김완석 (1994). 한국형 인지 욕구 척도 개발 연구. 한국심리학회지: 산업 및 조직,

7(1), 87-101.

척도문항

1. 나는 토론하는 것을 좋아한다.
2. 나는 보통 다른 사람들이 까다롭다고 생각하는 문제에 대해 생각하지 않는다. (-)
3. 나는 복잡한 문제도 잘 해결한다.
4. 나는 생소한 과제에 부딪히면 해결해야겠다는 생각보다 귀찮다는 생각이 먼저 든다. (-)
5. 나는 어떤 문제에 대해 새로운 해결방법을 배울 때 즐겁다.
6. 나는 복잡한 문제를 보면 왠지 그것을 분석해 보고 싶은 생각이 든다.
7. 나는 잘 모르는 것에 대해 더 알고 싶어 한다.
8. 나는 어렵고 시간이 많이 드는 문제도 가능한 한 끝까지 해결하기 위해 노력한다.
9. 나는 많은 생각을 필요로 하는 일에 더 적극적이다.
10. 나는 어떤 결과에 대해 왜 그렇게 됐는지 이해하려고 노력하기보다는 그냥 있는 그대로 받아들이는 편이다. (-)
11. 나는 깊이 생각해야 하는 상황은 가급적 피하려고 한다. (-)
12. 나는 내 사고 능력에 도전하는 일이 좋다.
13. 나는 다른 사람들로부터 논리적이라는 이야기를 듣는다.
14. 나는 어려운 문제를 해결하는 과정을 즐긴다.
15. 나는 단순한 문제보다는 복잡한 문제를 더 좋아한다.

* 역항목에 대한 채점은 음수(-)로 처리함.

8-2 인지 욕구 척도

구성개념

복잡한 사고 과정을 즐기는 정도를 인지 욕구라고 정의하였다(Kim & Nelson, 1999).

기술

세 개 문항을 7점 Likert 척도로 측정하였으며, 세 개 문항에 대한 합을 인지 욕구 점수로 사용하였다.

개발

Kim과 Nelson(1999)의 연구에서는 Cacioppo, Petty와 Kao(1984)가 개발한 '18개 항목 인지 욕구 척도' 가운데 대학생과 관련성이 높은 여섯 개 문항을 선택한 다음, 그중 내적 일관성이 높은 세 개의 문항을 최종적으로 사용하였다. 이 연구에서도 선행 연구와의 비교를 위하여 세 개 문항을 번역하여 사용하였다.

표본

서울 시내 소재 4년제 종합대학에서 두 학기에 걸쳐 세 개의 광고 관련 과목을 수강한 30개의 팀(학생 수 180명)을 분석 대상으로 하였다. 각 팀은 5~7명으로 구성되었다.

신뢰도와 타당도

해당 자료 없음.

출처

김태용 (2001). 프로젝트 팀의 만족과 성취에 영향을 미치는 구성원의 성격요인에 관한 연구. 광고학연구, 12(4), 115-132.

참고문헌

Cacioppo, J. T., Petty, R. R., & Kao, C. F. (1984). The efficient assessment of need for cognition. *Journal of Personality Assessment, 48*(3), 306-307.

Kim, T., & Nelson, M. (1999). Considering individual personality traits in forming student teams: A ready-to-use questionnaire. *Business Research Yearbook*, 291-295.

척도문항

1. 나는 어떤 문제를 해결할 때 획기적인 방법을 찾아내는 일을 좋아한다.
   전혀 그렇지 않다 1___2___3___4___5___6___7 전적으로 그렇다

2. 새로운 개념이나 논리를 배운다는 것은 흥미 있는 일이다.
   전혀 그렇지 않다 1___2___3___4___5___6___7 전적으로 그렇다

3. 일이 '어떻게' 끝났는가는 중요하지 않다. 일이 끝났다는 것 그 자체가 중요할 뿐이다. (-)
   전혀 그렇지 않다 1___2___3___4___5___6___7 전적으로 그렇다

* 역항목에 대한 채점은 음수(-)로 처리함.

9 자기주장 척도

구성개념

개인의 주장성은 자신의 뜻을 굽히기 싫어하는 정도로 정의하였다(Kim & Nelson, 1999).

기술

세 개의 문항을 7점 Likert 척도로 측정하였으며, 세 개 문항에 대한 합을 주장성 점수로 사용하였다.

개발

Kim과 Nelson(1999)의 연구에서는 Rathus(1973)의 '30개 문항 주장성 척도' 가운데 대학생과 관련성이 높은 여섯 개 문항을 선택한 다음, 그중 내적 일관성이 높은 세 개의 문항을 최종적으로 사용하였다. 이 연구에서도 선행 연구와의 비교를 위하여 세 개 문항을 번안하여 사용하였다.

표본

서울 시내 소재 4년제 종합대학에서 두 학기에 걸쳐 세 개의 광고 관련 과목을 수강한 30개의 팀(학생 수 180명)을 분석 대상으로 하였다. 각 팀은 5~7명으로 구성되었다.

신뢰도와 타당도

해당 자료 없음.

출처

김태용 (2001). 프로젝트 팀의 만족과 성취에 영향을 미치는 구성원의 성격요인에 관한 연구. 광고학연구, 12(4), 115-132.

참고문헌

Kim, T., & Nelson, M. (1999). Considering individual personality traits in forming student teams: A ready-to-use questionnaire. *Business Research Yearbook*, 291-295.

Rathus, S. A. (1973). A 30-item scale for assessing assertive behavior. *Behavior Therapy, 4*, 398-406.

척도문항

1. 대부분의 사람들은 나보다 자기주장이 강하다. (-)

   전혀 그렇지 않다 1____2____3____4____5____6____7 전적으로 그렇다

2. 무지가 드러날 것에 대한 두려움 때문에 하고 싶은 질문을 못하는 경우가 있다. (-)

   전혀 그렇지 않다 1____2____3____4____5____6____7 전적으로 그렇다

3. 극장에서 영화 관람 중에 옆에 앉은 사람들이 다소 시끄럽게 잡담하면 주저하지 않고 "좀 조용히 하시죠."라고 이야기한다.

   전혀 그렇지 않다 1____2____3____4____5____6____7 전적으로 그렇다

* 역항목에 대한 채점은 음수(-)로 처리함.

10 정보처리 양식 측정 척도

구성개념

Childers, Houston과 Heckler(1985)는 정보처리에 대한 경향성의 근원으로 두 가지 개인적 특성을 언급하였다. 첫 번째는 인지적 능력에 근거한 정보처리 전략에 호소하는 경향성이다. 그러나 동일한 정보처리 전략을 사용하는 집단 내에서의 분산을 설명하기에는 '인지적 능력'만으로는 부적절한 것으로 나타났다. 두 번째는 개인적 선호의 결과로 야기되는 정보처리 양식이다. 개인적인 선호는 소비자로 하여금 여러 정보처리 전략들 가운데 한 가지 전략을 선택하도록 유도한다.

기술

심상 처리에서 개인차 중 정보처리 양식을 측정하는 12개 문항으로 구성된 4점 Likert 척도(① 항상 그렇지 않다, ② 보통 그렇지 않다, ③ 보통 그렇다, ④ 항상 그렇다)다.

개발

Childers와 그의 동료들(1985)은 Richardson(1977)이 개발한 VVQ(Visualizer-Verbalizer Questionnaire)의 단점을 수정 · 보완하여, 정보처리 양식이 처리 능력으로부터 보다 뚜렷이 구별되는 정보처리 양식 측정 도구(Style of Processing Questionnaire: SOP)를 개발하였다.

표본

연구에 참여한 피험자는 대학에서 심리학 개론을 수강하는 학생 264명이다. 이들 피험자를 대상으로 SOP를 실시하여 점수 측정 결과, 상위 25%에 해당하는 언어적 정보처리자와 하위 25%에 해당하는 시각적 정보처리자로 분리하였다.

신뢰도와 타당도

SOP의 22개 문항을 요인분석한 결과, 두 하위 요인인 언어 처리와 시각 처리 이외의 다른 요인들이 더 발견되었다. 이에 이 요인들에 더 크게 묶이는 문항들과 공통분이 낮은 문항을 제거하고, 언어 처리와 시각 처리 요인에 대하여 각각 여섯 개 문항씩 총 12개 문항의 정보처리 양식의 측정 척도를 구성하였다. 내적 일치도 계수인 Cronbach의 $\alpha=.71$이다.

출처

양윤, 김수희 (2000). 광고 불일치성과 광고 기억: 정보처리 양식의 조절적 역할. **광고학연구**, 11(1), 7-33.

참고문헌

Childers, T. L., Houston, M. J., & Heckler, S. E. (1985). Measurement of individual differences in visual versus verbal information processing. *Journal of Consumer Research, 12*, 125-134.

Richardson, A. (1977). Verbalizer-visualizer: A cognitive style dimension. *Journal of Mental Imagery, 1*, 109-126.

척도문항

1. 나는 언어 사용이 요구되는 작업을 즐긴다.
2. 나는 모든 것의 생김새를 머릿속에서 이미지로 떠올리는 것을 좋아한 적이 있다.
3. 나는 많이 읽는다.

4. 나는 새로운 단어를 학습하는 것을 즐긴다.
5. 원하는 모든 것을 살 수 있다면 내 집이나 방을 어떻게 꾸밀 것인지 그림을 그려 보고 싶다.
6. 나는 그림 낙서하는 것을 좋아한다.
7. 많은 일을 처리할 때 머릿속에 이미지화해 생각하는 것이 도움이 된다.
8. 나는 유의어를 생각하는 것을 좋아한다.
9. 나는 무언가를 잊었을 때 그것을 기억해 내기 위해서 머릿속에 그림을 그려 보려고 한다.
10. 나는 새로운 단어를 배우는 것을 좋아한다.
11. 나는 어휘력을 향상시키는 데 시간을 거의 쓰지 않는다.
12. 나의 머릿속은 종종 그림이나 이미지들로 구성된다.

11 정치 냉소주의 척도

구성개념

정치에 대한 불만의 형태인 정치 냉소주의(cynicism)는 정치 구조에 대한 불신감이나 신용의 결핍을 가리키는 말이다. 학자들은 부정적 캠페인 전술이 정치 냉소주의를 증가시키며, 이로 인해 유권자들의 투표율이 떨어지고 공무원에 대한 관심도 감소한다는 우려를 표명해 왔다.

기술

세 개 문항으로 구성된 7점 Likert 척도(① 매우 동의한다 …… ⑦ 매우 동의하지 않는다)다.

개발

해당 자료 없음.

표본

미국 서북부 주립대학에서 커뮤니케이션 과목을 수강하는 대학생 170명(남자 96명, 여자 74명)을 대상으로 하였다.

신뢰도와 타당도

내적 일치도 계수인 Cronbach의 α=.79다.

출처

윤각 (2000). 공격적 정치광고가 투표 의향과 정치 냉소주의 형성에 미치는 영향: 유권자의 정치 관여도와 정보원 공신력의 역할을 중심으로. 광고학연구, 11(2), 113-130.

참고문헌

해당 자료 없음.

척도문항

1. 정치인들은 세상의 실생활과 떨어져 있다.
2. 정치인들은 오로지 자기 자신과 특별한 이익에 대해서만 관심이 있는 것 같아 보인다.
3. 정치 후보자들은 유권자들의 투표와 관련해서만 관심이 있고 정작 국민의 의견에는 관심이 없다.

12 집단주의 성향 척도

구성개념

집단의 이익을 위해서 개인의 이익을 희생할 수 있는 의지를 집단주의 성향이라고 정의하였다(Kim & Nelson, 1999).

기술

세 개 문항을 7점 Likert 척도로 측정하였으며, 세 개 문항에 대한 합을 개인의 집단주의 성향 점수로 사용하였다.

개발

Kim과 Nelson(1999)의 연구에서는 Triandis(1990)가 개발한 '32개 문항 집단주의 성향 척도' 가운데 대학생과 관련성이 높은 여섯 개 문항을 선택한 다음, 그중 내적 일관성이 높은 세 개의 문항을 최종적으로 사용하였다. 이 연구에서도 선행 연구와의 비교를 위하여 세 개 문항을 번역하여 사용하였다.

표본

서울 시내 소재 4년제 종합대학에서 두 학기에 걸쳐 세 개의 광고 관련 과목을 수강한 30개의 팀(학생 수 180명)을 분석 대상으로 하였다. 각 팀은 5~7명으로 구성되었다.

신뢰도와 타당도

해당 자료 없음.

출처

김태용 (2001). 프로젝트 팀의 만족과 성취에 영향을 미치는 구성원의 성격요인에 관한 연구. 광고학연구, 12(4), 115-132.

참고문헌

Kim, T., & Nelson, M. (1999). Considering individual personality traits in forming student teams: A ready-to-use questionnaire. *Business Research Yearbook*, 291-295.

Triandis, H. C. (1990). *Individualism and collectivism*. Boulder, CO: Westview Press.

척도문항

1. 팀 동료들을 기쁘게 할 수 있다면 내가 원하지 않는 일도 할 수 있다.
   전혀 그렇지 않다 1____2____3____4____5____6____7 전적으로 그렇다

2. 나는 자주 팀을 위해 스스로의 이익을 포기하곤 한다.
   전혀 그렇지 않다 1____2____3____4____5____6____7 전적으로 그렇다

3. 나의 팀 동료들은 의견에 대한 반대 의사를 주저 없이 표명한다. (-)
   전혀 그렇지 않다 1____2____3____4____5____6____7 전적으로 그렇다

* 역항목에 대한 채점은 음수(-)로 처리함.

13 소속 팀에 대한 만족 척도

구성개념

소속 팀에 대한 만족이란 자신이 속한 팀에 대한 만족도를 의미한다.

기술

세 개 문항을 7점 Likert 척도로 측정하였으며, 세 개 문항에 대한 합을 소속 팀에 대한 만족도 점수로 사용하였다.

개발

Kim과 Nelson(1999)의 측정 문항을 토대로 세 개 문항을 직접 개발하여 사용하였다.

표본

서울 시내 소재 4년제 종합대학에서 두 학기에 걸쳐 세 개의 광고 관련 과목을 수강한 30개의 팀(학생 수 180명)을 분석 대상으로 하였다. 각 팀은 5~7명으로 구성되었다.

신뢰도와 타당도

세 개 문항 간의 내적 일치도(α)는 .86으로 나타났으나, 세 번째 항목을 제외한 신뢰도 계수는 .93으로 상승하여 세 번째 항목을 제거하고 사용하였다.

출처

김태용 (2001). 프로젝트 팀의 만족과 성취에 영향을 미치는 구성원의 성격요인에 관한 연구. 광고학연구, 12(4), 115-132.

참고문헌

Kim, T., & Nelson, M. (1999). Considering individual personality traits in forming student teams: A ready-to-use questionnaire. *Business Research Yearbook*, 291-295.

척도문항

1. 내가 속한 팀에 만족한다.

   전혀 그렇지 않다 1____2____3____4____5____6____7 전적으로 그렇다

2. 현재의 프로젝트를 처음부터 다시 시작한다 해도 지금 속해 있는 팀에 또다시 속하고 싶다.

   전혀 그렇지 않다 1____2____3____4____5____6____7 전적으로 그렇다

3. 다른 팀들에 비해 우리 팀은 상당히 효과적으로 과업을 완수하였다.

   전혀 그렇지 않다 1____2____3____4____5____6____7 전적으로 그렇다

14 환경 행동 의도 척도

구성개념

환경 행동 의도 척도는 환경에 대한 개인의 희생을 감수하거나 개인의 비용을 투자하는 등의 구체적 행동뿐만 아니라 환경 제품 구매 행동이나 개인적 노력이 필요한 행동을 포함하여 측정하였다.

기술

여섯 개 문항으로 구성된 7점 Likert 척도다.

개발

해당 자료 없음.

표본

18～30세의 대학생 268명(평균연령 20.76세)을 대상으로 하였다.

신뢰도와 타당도

해당 자료 없음.

출처

김재휘, 김태훈 (2002). 가치 지향에 따른 환경광고 메시지의 설득 효과. 광고

연구, 56, 81-99.

참고문헌

해당 자료 없음.

척도문항

1. 기회가 있다면 환경 문제를 다루는 모임이나 단체에 참여해 보고 싶다.
2. 대기오염을 줄일 수 있다면 가까운 거리는 걸어가는 등 개인적인 희생을 감수할 수 있다.
3. 환경보호를 위해 적극적으로 노력하겠다.
4. 환경을 오염시키는 회사의 제품은 구입하지 않을 생각이다.
5. 산성비로 인한 피해를 줄이기 위해서 개인적인 노력을 기울일 의향이 있다.
6. 음식물 쓰레기로 인한 피해를 줄이기 위해서 개인적으로 노력할 의향이 있다.

15 흡연 속성 신념 척도

구성개념

흡연에 대한 기능적 속성 신념은 흡연이 건강에 미치는 물리적·객관적 영향에 대한 신념을 반영하는 것이므로 신체적 속성 신념으로 정의할 수 있다. 그리고 가치 표현적 속성 신념은 흡연이 사회적 이미지와 대인적 이미지 또는 자아 이미지에 초래할 수 있는 영향에 대한 주관적 평가를 반영한다고 볼 수 있다(조형오, 2000).

기술

흡연 속성 신념은 신체적 속성 신념 네 개 문항과 가치 표현적 속성 신념 네 개 문항의 총 여덟 개 문항으로 구성된 7점 Likert 척도(① 전혀 그렇지 않다 …… ④ 그저 그렇다 …… ⑦ 전적으로 그렇다)다.

개발

고등학생 384명을 대상으로 사전조사를 실시한 결과로 각 문항을 추출하였다.

표본

피험자는 서울에 소재하는 남자 고등학생 291명을 대상으로 하였다.

신뢰도와 타당도

신체적 속성 신념의 내적 일치도(α)는 .83이었으며, 가치 표현적 속성 신념의 내적 일치도(α)는 .88이었다. 신체적 차원과 가치 표현적 차원의 두 요인 간 분석(confirmatory factor analysis)을 실시한 결과 모델의 적합도가 높았다(x^2 = 30.11, p = .05, GFI = .97, AGFI = .95, RMSR = .05).

출처

조형오 (2000). 금연광고 메시지 유형의 효과 분석: 메시지 프레이밍과 메시지 소구 방향의 매개 역할. **광고학연구**, 11(1), 133-157.

참고문헌

Homer, P. M., & Yoon, S. G. (1992). Message framing and the interrelationships among the ad-based feelings, affects, and cognitions. *Journal of Advertising, 21*(1), 19-32.

척도문항

요인 1: 신체적 속성 신념

1. 흡연은 수명을 단축시킨다.
2. 흡연은 각종 질병의 심각한 원인이다.
3. 흡연은 체력을 저하시킨다.
4. 흡연은 건강에 치명적인 영향을 끼친다.

요인 2: 가치 표현적 속성 신념

5. 흡연은 타인에게 피해를 주는 이기적인 행위다.
6. 흡연은 타인에게 혐오감을 주는 지저분한 습관이다.
7. 흡연은 대인관계에 지장을 준다.
8. 흡연은 사회적으로 바람직하지 못한 행위다.

16 한국인의 소비 정서 척도

구성개념

소비자 행동 분야에서의 감정 관련 연구들은 소비자의 기분 상태와 소비 정서라는 비교적 뚜렷하게 구분되는 유형에 집중되어 있다(서용원, 손영화, 2004). 소비 정서는 일반 정서와 구분되는 개념이다. Havlena와 Holbrook(1986; 서용원, 손영화, 2004에서 재인용)은 소비 정서를 제품의 사용이나 소비를 경험하는 동안 유발되는 정서적 반응의 집합으로 정의하였다. 또한 Oliver(1989)는 소비 정서를 제품의 경험에 따른 좋은 측면과 나쁜 측면에 대한 판단과 같은 기초 감정의 결합으로 가정하고, 그것이 소비 결과에 대한 소비자 반응의 감정적 톤을 제공한다고 하였다. 서용원과 손영화(2004)는 Oliver의 개념을 수용하여, 소비 정서를 제품이나 서비스를 소비하거나 사용하면서 경험했던 긍정적인 또는 부정적인 측면에서 비롯되는 기초 감정의 결합으로 개념화하였다.

기술

정적 소비 정서는 제품에서 33개 문항, 서비스에서 25개 문항으로 구성되고, 부적 소비 정서는 제품에서 18개 문항, 서비스에서 17개 문항으로 구성된 7점 척도다.

개발

국내 소비자들이 소비 이후에 경험하는 정서를 추출해 내기 위해 소비 상황에서 경험하는 느낌이나 감정을 소비자들로부터 자유롭게 기술하게 하였다. 더불어 한덕웅과 강혜자(2000)의 한국인의 정서 목록에서 소비와 관련된 정서를 추출하고, Izard(1977)의 DES-II(Differential Emotions Scale-II)와 Richins(1997)의 CES(Consumption Emotion Set)를 모두 포함하는 포괄적인 소비 정서 항목들에 대하여 탐색적 요인분석을 실시하여, 제품과 서비스 각각에서 정적 소비 정서와 부적 소비 정서 항목들을 추출하였다.

표본

소비 이후에 느끼는 정서를 직접 기술하기 위한 1차 사전조사와 소비 이후 느끼는 정서로 부적합한 형용사를 제외시키기 위한 2차 사전조사에 110명의 대학생들이 참여하였다. 그리고 본조사에는 대학생 350명과 일반 소비자 500명이 참가하였다.

신뢰도와 타당도

요인분석 결과, 정적 소비 정서는 제품에서 여덟 개와 서비스에서 열 개, 그리고 부적 소비 정서는 제품에서 여섯 개, 서비스에서 다섯 개의 요인이 추출되었다(요인별 구성 문항과 신뢰도는 '척도문항'을 참조).

출처

서용원, 손영화 (2004). 한국인의 소비 정서 항목 개발을 위한 탐색적 연구. 한국심리학회지: 소비자 · 광고, 5(1), 69-92.

참고문헌

한덕웅, 강혜자 (2000). 한국어 정서 용어들의 적절성과 경험 빈도. 한국심리학회지: 일반, 19(2), 63-99.

Izard, C. E. (1977). *Human emotions*. New York: Prenum Press.

Oliver, R. L. (1989). Processing of the satisfaction response in consumption: A suggested framework and research propositions. *Journal of Consumer Satisfaction, Dissatisfaction and Complaining Behavior, 2*, 1-16.

Richins, M. L. (1997). Measuring emotions in the consumption experience. *Journal of Consumer Research, 24*(Sep.), 127-146.

척도문항

정적 소비 정서: 제품

요 인	문 항	고유치	설명분산(%) (누적 설명분산)	신뢰도(α)
1. 산뜻함	상큼하다 상쾌하다 부드럽다 산뜻하다 시원하다 따뜻하다 깨끗하다 개운하다	4.427	13.022	.89
2. 자신감	자부심 자신감 자랑스럽다 신뢰감	2.787	8.198 (21.220)	.84
3. 매력적임	매력적이다 매혹되다 끌리다 반하다	2.626	7.724 (28.944)	.84
4. 기쁨	기분 좋다 기쁘다 행복하다	2.277	6.698 (35.641)	.75
5. 친숙함	친밀감 친근감 친숙하다	2.258	6.640 (42.281)	.84
6. 편안함	편하다 편안하다 흡족하다 흐뭇하다	1.599	4.703 (46.984)	.79
7. 쾌감	상쾌하다 짜릿하다 환상적이다	1.545	4.543 (51.527)	.72
8. 즐거움	신나다 즐겁다 좋다 재미있다	1.510	4.442 (52.969)	.79

정적 소비 정서: 서비스

요 인	문 항	고유치	설명분산(%) (누적 설명분산)	신뢰도(α)
1. 흡족함	흐뭇하다 흡족하다 흥미롭다 행복하다	2.762	11.047	.86
2. 생동감	생기 있다 생동감 있다	2.298	9.192 (20.239)	.88
3. 고마움	고맙다 감사하다	2.136	8.540 (28.779)	.83
4. 즐거움	즐겁다 좋다	2.099	8.398 (37.177)	.88
5. 새로움	신선하다 산뜻하다 신나다 새롭다	1.922	7.687 (44.864)	.86
6. 친숙함	친숙하다 친근하다 포근하다	1.743	6.973 (51.837)	.84
7. 반가움	반갑다 믿다	1.459	5.837 (57.674)	.81
8. 편안함	편안하다 편하다	1.436	5.744 (63.418)	.87
9. 자신감	여유 있다 자신감 있다	1.248	4.990 (68.408)	.77
10. 기쁨	기쁘다 기분 좋다	1.246	4.983 (73.391)	.87

부적 소비 정서: 제품

요 인	문 항	고유치	설명분산(%) (누적 설명분산)	신뢰도(α)
1. 화남	화나다 황당하다 후회스럽다 짜증스럽다	2.661	13.305	.85
2. 불신	불신하다 불쾌하다 못마땅하다	2.144	10.718 (24.023)	.83

3. 신경질 남	신경질 나다 실망스럽다 시원찮다 속상하다 싫다	2.055	10.277 (34.300)	.88
4. 당혹감	어처구니없다 어이없다	1.763	8.816 (43.114)	.90
5. 아까움	아깝다 아쉽다	1.587	7.937 (51.052)	.73
6. 기분 나쁨	기가 막히다 기분 나쁘다	.938	4.690 (55.742)	.70

부적 소비 정서: 서비스

요 인	문 항	고유치	설명분산(%) (누적 설명분산)	신뢰도(α)
1. 기분 나쁨	기분 나쁘다 기분 잡치다 기가 막히다 괘씸하다	3.017	17.746	.88
2. 화남	화나다 짜증 나다 황당하다	2.371	13.947 (31.693)	.86
3. 불신	달갑잖다 의심스럽다 불신하다 미흡하다	2.074	12.200 (43.893)	.81
4. 당혹감	어처구니없다 어이없다	2.037	11.983 (55.876)	.91
5. 불쾌함	불쾌하다 불편하다	1.569	9.231 (65.107)	.80

17 소비자의 주관적 지식 척도

구성개념

주관적 지식은 두 가지 측면에서 독특한 구성개념이라고 할 수 있다(김기원, 김철수, 2000). 첫째, 주관적 확률에 대한 사정(Fishhoff, Slovic, & Lichtenstein, 1977; Nisbett & Ross, 1980)과 '안다는 느낌(feeling-of-knowing)'에 대한 연구(Reder & Ritter, 1992)의 결과는 사람들이 알고 있다고 생각하는 것과 실제로 알고 있는 것은 종종 일치하지 않는다는 것을 보여 주고 있다(Mazumdar & Monroe, 1992). 둘째, 많은 연구들에서 주관적 지식과 객관적 지식은 탐색(Bettman & Park, 1980; Brucks, 1985; Park & Lessig, 1981)과 정보처리(Park, Gardner, & Thukral, 1988)에 미치는 영향이 각각 다르다고 제안하고 있다. Brucks(1985)는 주관적 지식이 객관적 지식과는 독립적으로 탐색 전략의 선택에 영향을 미치고, 주관적 지식이 많으면 많을수록 판매원의 추천을 구매에 참작하는 정도가 떨어진다고 하였다. Park, Gardner와 Thukral(1988)은 객관적 지식과는 별도로 주관적 지식이 낮을수록 새로운 정보를 중요시하는 지각이 높아지며, 그 정보를 수용하는 정도가 높아진다는 것을 발견하였다. 결론적으로 주관적 지식은 항상 객관적 지식을 반영하는 것이 아니며, 주관적 지식과 객관적 지식이 정보처리에서 각각 다른 영향을 준다고 할 수 있다.

기술

최종 13개의 문항으로 구성된 5점 척도(① 전혀 그렇지 않다, ② 그렇지 않다, ③ 그저 그렇다, ④ 그렇다, ⑤ 전적으로 그렇다)다.

개발

Flynn과 Goldsmith(1999)가 소비자의 서술적 지식에 대한 확신을 측정하기 위해 작성한 문항과 이전의 연구에서 사용한 문항들 그리고 소비자의 절차적 지식 측정 문항 등으로부터 15개의 예비 문항을 구성하였다. 이들 문항에 대한 조사 대상자의 반응을 요인분석(주성분분석과 배리맥스 회전)한 결과 화장품과 VTR 모두 두 개의 요인이 추출되었다. 요인 1(고유값 5.256, 설명변량 35%)은 '서술적 지식'으로, 요인 2(고유값 4.61, 설명변량 30.7%)는 '절차적 지식'으로 명명되었다. 그러나 두 개의 문항이 두 요인 모두에서 높은 요인부하량이 걸리고 문항과 전체 점수 간의 상관 역시 낮은 것으로 밝혀져, 이 두 개의 문항을 제외한 13개의 문항이 최종 선정되었다.

표본

예비 조사에는 대학생 302명(남자 127명, 여자 175명)이 참가하였으며, 검사-재검사 신뢰도 산출을 위한 연구에는 대학생 98명(남자 32명, 여자 66명)이 참가하였다. 그리고 확인적 요인분석을 위한 조사에는 대학생 216명(남자 60명, 여자 156명)이 참가하였고, 척도가 가지고 있는 심리통계적 특징을 분석하고 교차타당도를 얻고자 한 연구에는 대학생 247명(남자 64명, 여자 183명)이 참가하였다.

신뢰도와 타당도

소비자의 주관적 지식 척도에 대한 신뢰도의 경우 모든 연구들에서 교차 검증되었으며, 척도의 개별 문항과 전체 총점 간의 상관계수는 .48～.84로 양호하였다. 또한 내적 일치도(α)도 .82～.92로 만족할 만한 수준이었다. 검사-재검사 신뢰도는 .54～.58로 시간에 따른 척도의 안정성 역시 양호하였다.

이 척도의 타당도는 먼저 요인 구조를 알아보기 위한 요인분석에서 두 가지 상품 모두에 대해서 두 개의 요인이 추출되었다. 이 결과에 기초해 단요인모형과 이요인모형 연구에 대한 확인적 요인분석을 한 결과, 모든 상품에서 이요인모형이 단요인모형에 비해 보다 적합하였다. 또한 다속성·다측정 행렬을 이용하여 수렴타당도와 변별타당도를 확인하였다.

출처

김기원, 김철수 (2000). 소비자의 주관적 지식 측정을 위한 척도의 개발. 한국심리학회지: 소비자 · 광고, 1(2), 89-119.

참고문헌

Bettman, J. R., & Park, C. W. (1980). Effects of prior knowledge and experience and phase of the choice process on consumer decision processes: A protocol analysis. *Journal of Consumer Research, 7*, 234-248.

Brucks, M. (1985). The effects of product class knowledge on information search behavior. *Journal of Consumer Research, 12*, 1-16.

Fishhoff, B., Slovic, P., & Lichtenstein, S. (1977). Knowing with certainty: The appropriateness of extreme confidence. *Journal of Experimental Psychology: Human perception and performance, 3*, 552-564.

Flynn, L. R., & Goldsmith, R. E. (1999). A short, reliable measure of subjective knowledge. *Journal of Business Research, 46*, 57-66.

Mazumdar, T., & Monroe, K. B. (1992). Effects of inter-store and in-store price comparisons on price recall accuracy and confidence. *Journal of Retailing, 68*, 66-89.

Nisbett, R., & Ross, L. (1980). *Human inference: Strategies and shortcomings of social judgement*. NJ: Prentice-Hall.

Park, C. W., Gardner, M. P., & Thukral, V. K. (1988). Self-perceived knowledge: Some effects on information processing for a choice task. *American Journal of Psychology, 101*, 401-424.

Park, C. W., & Lessig, V. P. (1981). Familiarity and its impact on consumer decision biases and heuristics. *Journal of Consumer Research, 8*, 223-230.

Reder, L. M., & Ritter, F. E. (1992). What determines initial feeling of knowing? Familiarity with question terms, not with the answer. *Journal of Experimental Psychology: Learning, memory, and cognition, 18*(3), 435-451.

척도문항

응답하기에 앞서 먼저 ________를 생각하시오. ________에 대한 본인의 생각에 비춰 볼 때 아래의 진술문에 어느 정도 동의하는지 표시하시오.

1. 나는 이 상품의 특징에 대해 잘 알고 있다.
2. 나는 이 상품의 품질을 제대로 판단할 수 있다.
3. 나는 이 상품을 구매할 당시 상품 속성에 대해 잘 알고 있다고 확신한다.
4. 나는 이 상품의 속성에 대한 지식이 그리 많지 않다고 느낀다. (R)
5. 친구들과 비교해 볼 때, 나는 이 상품에 관한 한 전문가다.
6. 대부분의 다른 사람들과 비교해 볼 때, 나는 이 상품에 대해 아는 바가 거의 없다. (R)
7. 이 상품에 대한 특징이라면 나는 아는 바가 거의 없다. (R)
8. 나는 이 상품을 언제 사용할 수 있는지 잘 알고 있다.
9. 친구들과 비교해 볼 때, 나는 이 상품을 잘 다루는 편이다.
10. 대부분의 다른 사람들과 비교해 볼 때, 나는 이 상품을 잘 사용할 수 있다.
11. 나는 이 상품의 사용법을 쉽게 배울 수 있다.
12. 나는 다른 사람에게 이 상품의 사용방법을 알려 줄 수 있다.
13. 나는 이 상품의 정확한 사용방법을 알고 있다.

* (R)은 역으로 채점함.

18 충동구매 경향성 척도

구성개념

Piron(1991; 양윤, 이채희, 2000에서 재인용)은 그간 진행되어 온 충동구매의 정의를 종합적으로 재검토하여 충동구매 개념의 발달 과정을 3단계로 정리하였다. 그리고 충동구매에 대한 다른 정의도 함께 첨가하여 최종적으로 4단계의 충동구매 개념 발달 과정을 제안하였다(〈표 1-1〉 참조).

〈표 1-1〉 Piron의 충동구매 개념의 발달 과정 분류

분 류	내 용	대표적인 연구
분류 I	충동구매＝비계획 구매	DuPont Studies(1945～1965) Clover(1950)
분류 II	충동구매＝비계획 구매＋자극에의 노출	Stem(1962)
분류 III	충동구매＝쾌락적으로 복잡한 경험	Rook(1987), Rook & Hoch(1985)
분류 IV	충동구매＝비계획 구매＋자극에의 노출＋즉각적인 시간과 장소＋정서적/인지적 반응	Alerk(1986), Rook(1987) Rook & Hoch(1985)

Piron(1991)은 기존의 충동구매 정의에 대해 비판적으로 접근하였다. 분류 I에서 충동구매를 비계획 구매와 같은 것으로 파악하는 것은 비계획 구매가 충동적으로 이루어지지 않는 측면을 설명할 수 없다고 지적하였다. 분류 II에 대해서는 소비자의 반응을 고려하지 않는 상태에서 단순히 소비자가 자극에 노출되었기 때문에 촉발된 비계획 구매라는 식으로 이해하는 것은 현상에 대한 올바른 이해

를 가로막는다고 지적하였다. 또한 분류 III에서는 충동구매에는 항상 인지적/정서적 반응이 수반된다는 식으로 정의 내리고 있는데, 이것은 충동구매 현상을 너무 협소하게 만들 가능성이 있다고 지적하였다. 결국 Piron은 충동구매에 대한 새로운 정의를 내렸다. 즉, 그는 첫 번째 비계획성, 두 번째 자극에 노출된 이후에 일어나는 의사결정, 세 번째 충동구매 의사결정이 그 시간과 장소에서 이루어져야 하는 것의 세 가지 요소는 충동구매에 필수적이지만, 네 번째 요소인 인지적/정서적 반응은 반드시 필수적인 것은 아니라고 하였다. 여기서 네 번째 요소가 포함된 구매라면 경험적인 충동구매로, 그렇지 않다면 비경험적인 충동구매로 명명하였다.

기술

38개의 문항으로 구성된 6점 척도(① 전혀 아니다, ② 아니다, ③ 아닌 편이다, ④ 그런 편이다, ⑤ 그렇다, ⑥ 매우 그렇다)다.

개발

충동구매 경향성 척도의 예비 문항을 구성하는 과정에서 부가적인 문항을 얻기 위해 자기보고식 경험 자료 수집용 질문지를 제작 · 실시하였다. 문헌 고찰과 자기보고식 경험 자료를 기초로 제작된 99개 문항의 예비 척도를 대학생을 대상으로 실시하여 이 자료를 1차 문항분석하여 82개의 문항을 선정하였다. 이후 이 82개 문항에 대해 탐색적 요인분석을 하여 여러 준거에 의해 충동구매 경향성의 구성 요인을 일곱 개로 결정하고, 기초 요인 구조를 배리맥스 방법으로 직각 회전시켜 총 38개 문항을 최종 선정하였다.

표본

서울 소재 대학의 남녀 대학생을 대상으로 실시하였다. 문항 풀을 만들기 위해 여대생 53명에게서 충동구매와 관련된 자기보고식 경험 자료를 수집하였으며, 척도 개발과 교차타당화를 위해 최종적으로 남녀 대학생 984명의 자료를 사용하였다. 이 자료를 무선으로 반분한 508명의 자료는 척도 개발을 위해, 476명의 자료는 교차타당화를 위해 사용하였다. 그리고 준거 관련(예측) 타당화를 위해서 여대생 113명이 참가하였다.

☐ 신뢰도와 타당도

요인분석 결과 38개의 문항이 일곱 개의 요인으로 구성되었다. 요인 1(신뢰도 .93)은 부정적 기분 회피형 충동구매 경향성, 요인 2(신뢰도 .86)는 주변 권유형 충동구매 경향성, 요인 3(신뢰도 .85)은 이미지 일치형 충동구매 경향성, 요인 4(신뢰도 .80)는 비계획형 충동구매 경향성, 요인 5(신뢰도 .83)는 긍정적 기분 유지형 충동구매 경향성, 요인 6(신뢰도 .78)은 기호 관여형 충동구매 경향성, 마지막으로 요인 7(신뢰도 .73)은 제품 속성(가격, 기능, 수량 등) 관여형 충동구매 경향성으로 명명하였다.

교차타당화를 위한 접근에서는 일곱 개 요인으로 구성된 모형이 소비자의 충동구매 경향성을 잘 설명해 주는 것으로 확인되었다. 또한 준거 관련 타당화를 위해 단순 회귀분석한 결과, 충동구매 경향성이 높은 사람이 실제로도 충동구매를 많이 하는 것은 물론 스스로를 충동구매자라고 생각하는 것으로 확인되었다. 판별분석에서도 충동구매자와 비충동구매자가 유의하게 구분되었다.

☐ 출처

양윤, 이채희 (2000). 충동구매 경향성 척도 개발 및 타당화 연구. 한국심리학회지: 소비자 · 광고, 1(2), 137-168.

☐ 참고문헌

Piron, F. (1991). Defining impulse purchasing. *Advances in Consumer Research, 18*, 509-514.

척도문항

다음은 당신이 사전에 계획하지 않은 제품을 구매한 경우와 관련된 기술이다. 이때 본인의 구매 경향성을 생각하여 자신에게 해당한다고 여겨지는 번호에 체크해 주시오.

요인 1: 부정적 기분 회피형

1. 스트레스 해소를 위해 물건을 산다.
2. 답답하면 물건을 산다.
3. 우울하면 물건을 산다.
4. 기분이 허탈하면 물건을 산다.
5. 불행하다고 느끼면 물건을 산다.
6. 기분 전환을 위해 물건을 산다.

요인 2: 주변 권유형

7. 점원이 좋은 말로 구매를 권하면 아첨하는 것을 알면서도 산다.
8. 내가 물건을 살까 말까 망설일 때 점원이 "그거 정말 좋아요."라고 말하면 산다.
9. 내가 물건을 살까 말까 망설일 때 점원이 "정말 잘 어울려요."라고 말하면 산다.
10. 세련된 나의 친구가 물건의 구매를 권유하는 경우에는 산다.
11. 점원이 부추기면 구매 계획에 없던 물건도 산다.
12. 물건이 마음에 안 들어도 친구가 괜찮다고 부추기면 산다.

요인 3: 이미지 일치형

13. 나의 이미지와 어울리는 물건을 보면 당장 필요하지 않아도 산다.
14. 물건의 디자인이 세련된 경우 구매한다.
15. 물건의 디자인이 색다른 경우 구매한다.
16. 어떤 물건이 나의 개성을 잘 살려 줄 것 같은 경우에 물건을 구매한다.
17. 물건의 디자인이 예쁘면 구매한다.
18. 물건의 색상이 특이하면 구매한다.

요인 4: 비계획형

19. 서두르지 않고 많이 생각한 다음에 물건을 산다.*
20. 어떤 물건을 보았을 때 '일단 사고 보지 뭐!' 라는 생각이 들어 물건을 산다.
21. 물건을 보는 즉시 구매하는 경향이 있다.
22. 나는 내가 알고 있는 사람들에 비해 충분히 생각하지 않고 쇼핑한다.

23. 세심하게 계획을 세운 뒤에 물건을 산다.*
24. 나는 갑자기 구매하는 것을 좋아한다.

요인 5: 긍정적 기분 유지형

25. 나는 걱정이 없고 편안한 기분일 때 물건을 산다.
26. 계획에는 없었지만 어떤 물건을 보고 '이것 정도는 살 수 있어.' 라는 기분이 들면 물건을 산다.
27. 기분이 만족스러울 때 물건을 산다.
28. 기분이 좋을 때 물건을 산다.

요인 6: 기호 관여형

29. 평소에 관심이 있던 제품은 돈이 되는 대로 모두 구매한다.
30. 내 취미와 관련 있는 물건은 미리 계획하지 않고서도 산다.
31. 내가 평소에 수집하는 물건은 계획에 없어도 산다.
32. 나의 취미와 관련 있는 물건을 살 때는 있는 돈을 모두 쓴다.

요인 7: 제품 속성 관여형

33. 물건의 가격이 저렴하면 계절에 상관없이 산다.
34. 물건이 효율적이라고 생각되면 미리 계획하지 않았어도 산다.
35. 물건이 품절될 것이라는 말을 들으면 계획에 없어도 물건을 산다.
36. 세일 기간 중에는 다음에 구매 기회가 없다고 생각되어 물건을 산다.
37. 한정 판매 물건이라는 말을 들으면 계획하지 않았어도 산다.
38. 나는 '사 두면 쓸 데가 있겠지.' 라고 생각되면 당장 필요 없어도 산다.

* 채점: 38개 문항을 무선으로 섞어서 반응을 얻어 낸 다음, * 표시된 문항을 역채점하여 합산 또는 평균을 구한다. 점수가 높을수록 충동구매 경향성이 높다. 충동구매 경향성 고/저 집단으로 분리할 경우 사분위수를 사용할 것을 권한다.

19 N세대 소비 성향 측정 척도

구성개념

김철민과 유승엽(2000)은 "어려서부터 컴퓨터와 오락 게임, 채팅을 통해 디지털 기술에 비교적 익숙하며 현재 현실에서 부딪히는 문제나 욕구를 해결하기 위해 하루에 한 시간 이상 인터넷워킹을 사용하고 있는 사람"을 N세대로 정의하였다. N세대란 용어는 미국에서 처음 사용되었는데, 이는 그들의 신세대에게 네트워크 세대, 즉 인터넷 환경에서 성장하는 세대라는 명칭을 새롭게 부여한 것이다(우석봉, 2000). 이들 N세대는 X세대나 Y세대와는 달리 디지털 기술, 특히 인터넷을 자유자재로 활용하면서 인터넷을 구성하는 가상 공간을 삶의 중요한 무대로 인식하여 디지털적인 삶을 영위하는 세대다(안종욱, 강병구, 2000).

특히 N세대 소비 집단은 점점 더 편리해지고 있는 환경 속에서 정보화로 무장하여 막강한 구매력을 지니는 것은 물론, 단순히 그들만의 소비로 그치지 않고 인터넷 검색 등을 통한 풍부한 정보를 바탕으로 가족이나 친구 등 주변 사람들의 구매에까지 영향을 미치는 중요한 소비자 집단이다(유승엽, 김철민, 2001).

기술

총 21개 문항으로 구성되어 있다(척도점에 관해서는 보고되지 않았음).

개발

기존의 연구 결과(김세진, 2000; 우석봉, 2000)와 김철민과 유승엽(2000)의 N세대를 대상으로 표적집단면접(FGI)을 실시하여 얻은 결과들을 토대로 N세대의 소비 성향을 나타내는 문항을 추출하였다. 이 문항들의 공통 속성을 추출하여 네 개의 범주로 구분한 후에 다시 각 범주에 서너 개의 하위 문항을 배정하였다. 여기에 광고에 대한 네 가지의 태도를 포함하여 총 22개 문항으로 구성하였다.

표본

N세대의 조작적 정의(김철민, 유승엽, 2000)의 기준에 의해 연구에 참여한 454명의 피험자를 N세대(254명)와 비N세대(200명)로 구분하였다.

신뢰도와 타당도

N세대 소비 성향 측정 척도의 내적 일치도(α)는 .5630이었다. 22개 문항에 대한 요인분석(주성분분석, 배리맥스 회전) 결과, 요인부하량과 커뮤넬리티 값이 낮은 한 개 문항(문항 6)을 제외하고 일곱 개의 요인으로 묶였다. 요인 1은 정보 탐색(고유값 3.47, 설명변량 15.8%), 요인 2는 혁신성(고유값 2.37, 설명변량 10.8%), 요인 3은 광고에 대한 태도(고유값 1.89, 설명변량 8.6%), 요인 4는 실용(합리)성(고유값 1.55, 설명변량 7.0%), 요인 5는 쇼핑몰 구매(고유값 1.24, 설명변량 5.6%), 요인 6은 충동성(고유값 1.14, 설명변량 5.2%), 마지막으로 요인 7은 과시형 소비(고유값 1.04, 설명변량 4.7%)다.

출처

유승엽, 김철민 (2001). N세대, 비N세대, 광고에 묘사된 N세대 간 비교분석. 한국심리학회지: 소비자 · 광고, 2(1), 19-42.

참고문헌

김세진 (2000). N세대, 시장의 새로운 지표. 다이아몬드 애드, 1-2월, 22-25.

김철민, 유승엽 (2000). N세대의 광고 경험과 활용. 한국심리학회지: 소비자 · 광고, 1(2), 65-88.

안종욱, 강병구 (2000). 손안에 펼쳐지는 나만의 네트워크. Cheil Communication, 4월, 58-60.

우석봉 (2000). 인터넷 사용에 따른 N소비자 유형화. 한국심리학회지: 소비자 · 광고, 1(2), 47-64.

척도문항

요인 1: 정보 탐색

1. 나는 어떤 제품을 살 때 그 제품의 기능을 요모조모 따져 보고 산다.
2. 나는 어떤 제품을 살 때 그 제품에 대한 여러 정보를 살펴보고 구입한다.
3. 우리 집에서는 가전제품을 살 때 내가 추천한 제품을 사는 편이다.
4. 나는 어떤 제품을 사기 전에 미리 사용해 본다.

요인 2: 혁신성

5. 쇼핑하러 자주 간다.
6. 특별하게 좋아하는 브랜드(상표)들이 있다.
7. 신상품을 주기적으로 확인한다.
8. 나는 신제품이 나오면 남보다 먼저 사는 편이다.
9. 부모님이 내가 필요한 물건을 사 주실 때 내가 사고 싶은 제품을 사는 편이다.

요인 3: 광고에 대한 태도

10. 나는 광고를 믿지 않는다.
11. 광고를 많이 한 제품은 믿을 수 있다.
12. 물건을 고를 때 광고를 많이 한 상표를 선택하게 된다.

요인 4: 실용(합리)성

13. 나는 비싼 제품을 하나 사기보다 싼 제품을 여러 개 사는 편이다.
14. 나는 값싼 제품을 자주 산다.
15. 나는 쇼핑하러 자주 가지만 물건을 잘 사는 편이 아니다.

요인 5: 쇼핑몰 구매

16. 나는 쇼핑몰을 통해 구매해 본 적이 있다.
17. 나는 쇼핑몰에 자주 접속하는 편이다.

요인 6: 충동성

18. 광고를 보고 그 제품을 사고 싶은 충동이 든 적이 있다.
19. 나는 어떤 제품을 살 때 한번 보고 마음에 들면 바로 산다.

요인 7: 과시형 소비

20. 나에게는 아주 친한 친구들이 가진 것과 똑같은 제품이 여러 개 있다.
21. 나는 새 물건을 사면 친구들에게 자랑한다.

20 의복 소비 행동 척도

구성개념

소비 행동이란 욕구 충족을 위해 재화나 서비스를 획득, 사용, 처분하는 데 수반되는 의사결정 과정에서 보이는 정신적 · 육체적 행동 과정을 의미하며, 의복 소비 행동이란 의복 구매에 관련된 소비 행동을 의미한다(임숙자, 신혜봉, 김혜정, 이현미, 2001). 천문선, 이수경, 고애란(2006)은 의복 소비 행동 가운데 타 문화권에 비해 우리나라에서 두드러지게 나타나는 과소비성, 동조성 및 유행성 등을 의복 소비 행동 변수로 접근하였다.

과소비는 단순한 생활적 차원의 소비를 넘어서 더 다양한 욕구를 충족하기 위한 낭비적 차원의 소비를 일컫는 것이며(이윤금, 이남숙, 1999), 그 목적에 따라 과시적 소비와 체면 소비로 나눌 수 있다. 과시적 소비는 자신의 경제적 능력을 과시함으로써 타인의 존경과 인정을 얻는 것이 목적인 반면, 체면 소비는 자신의 사회적 신분에 걸맞은 소비를 함으로써 신분을 유지하고 상승시키는 것이 목적이다(성영신, 1994). 과시적 소비는 지위 상품을 고가의 가격으로 구매할 수 있는 능력을 다른 사람들에게 과시하려는 욕구에 의한 행동으로서 제품의 경제적 · 생리적 효용보다는 사회적 자극에 의해 이루어지며, 소비자 행동에 있어 예외적인 행동의 한 형태로 파악되고 있다(Mason, 1984). 의복은 착용자의 사회적 · 경제적 지위를 나타내는 지표로서의 역할을 하기 때문에(김선영, 최선형, 2000) 기능적 측면보다는 사회적 · 주관적 의미가 더 중요하게 지각됨에 따라 과시적 소비의 주된 품목이 되고 있다(류은정, 김수경, 2000). 체면은 '표출된 자기'

로서 사회적 자존심에 해당된다. 이는 사회적 지위가 상위에 속하는 사람에게 더욱 중요하며, 사회적 규범과 행동 양식에 의해 통제되기 때문에 당위와 명분이 중시되고 '치레'적인 성격이 강하다(최상진, 유승엽, 1992). 따라서 경제력이 따르지 않는 경우, 체면 유지를 위해 돈을 빌려서라도 신분에 맞는 소비 행동을 하는 것이 '체면 소비'다. 의복은 개인의 지위나 권위를 표현하고 개인의 신분을 나타내는 상대적 역할을 수행하기 때문에(유명의, 김진구, 1993) 체면을 차리기 위한 중요한 도구로 사용되고 있다.

동조(conformity)는 어떤 집단의 규범에 순응하고 그 집단의 구성원들과 비슷해지려는 경향으로 타인과의 비교를 통해서 이루어진다. 이는 소비 행동에서도 마찬가지로, 소비자는 타인의 의견이나 행동을 중요한 판단 기준으로 삼는 사회적 비교를 통해 동조 소비를 하게 된다. 의복에서의 동조는 인간의 기본 욕구인 소속에 대한 욕구를 만족시켜 주는 수단이며 유행 현상의 필수 조건으로 설명된다. 의복 동조는 동조의 동기에 따라 규범적 의복 동조와 동일시적 의복 동조 그리고 의복 반동조로 구분될 수 있다. 규범적 의복 동조는 인정을 받거나 비난을 피하기 위해 준거집단의 의복 규범을 따르는 것이다. 동일시적 의복 동조는 동일시나 적절한 복식 행동을 하기 위해 준거집단의 의복을 모방하거나 정보를 받아들여 따르는 것이다. 반면 의복 반동조는 준거집단이나 다른 사람들이 착용하는 의복과는 다른 의복, 즉 새로운 것을 추구하는 의복 행동이다(박혜선, 이은영, 1991).

유행은 시기나 상황의 맥락에서 사회적으로 적합하다고 지각되기 때문에 사회 구성원에 의해서 일시적으로 채택된 소비재의 스타일이나 행동 방식이다(Sproles, 1979). 사회적 집합 현상인 유행은 소비자들이 혁신적 제품을 채택함으로써 집단 내와 집단 간으로 확산되며, 새로운 유행 스타일을 채택하는 데 있어 개인이 그가 속한 사회 조직의 다른 구성원들보다 상대적으로 빨리 채택하는 정도를 유행 혁신성이라고 정의한다(이은영, 1998). 이를 기준으로 혁신자(innovator)는 새로운 제품을 초기에 가장 빨리 구매하는 비교적 작은 소비자 집단으로 정의될 수 있다(Schiffman & Kanuk, 1994). 그리고 유행 추종자는 한 스타일을 유행 주기의 중·후기에 채택하여 대중의 수용 여부를 결정하는 대다수를 차지하는 사람들이다.

기술

과소비성이 11개 문항, 동조성이 11개 문항 그리고 유행성이 아홉 개 문항의 총 31개 문항으로 구성된 5점 Likert 척도다.

개발

먼저 과소비성 척도는 성영신(1994)의 연구를 참고하여 소비의 목적을 기준으로 과시성과 체면 지향성의 두 측면으로 나누어 구성하였다. 이 외에 이옥희와 홍병숙(1998), 홍병숙(2003)의 과시성 문항을 보완·수정한 문항 등 17개 문항을 이용하였다.

다음에 동조성 척도는 박혜선과 이은영(1991), 김경희와 정성지(2000)의 선행 연구를 기초로 하여 11개 문항을 이용하였다. 마지막으로 유행성 척도는 김한나와 이은영(2001), 조윤정과 고애란(2001)의 연구에서 아홉 개 문항을 채택하여 이용하였다.

표본

수도권에 거주하는 20대 미혼 직장 여성 550명의 자료를 수집하여, 그중 445부를 최종 분석에 사용하였다.

신뢰도와 타당도

세 개의 의복 소비 행동 변수 각각에 대한 요인분석 결과, 과소비성은 두 개 요인의 11개 문항이 추출되었으며 전체 변량의 53.15%를 설명하였다. 과소비성의 요인 1은 과시성(고유값 3.28, 설명변량 29.85%, α=.84), 요인 2는 체면 지향성(고유값 2.56, 설명변량 23.31%, α=.77)이다. 동조성은 세 개 요인의 11개 문항으로 구성되는 것으로 나타났으며 전체 변량의 57.04%를 설명하였다. 동조성의 요인 1은 반동조성(고유값 2.25, 설명변량 20.45%, α=.75), 요인 2는 동일시성(고유값 2.09, 설명변량 19.02%, α=.68), 요인 3은 규범 동조성(고유값 1.93, 설명변량 17.58%, α=.64)이다. 마지막으로 유행성은 두 개 요인의 아홉 개 문항이 추출되었으며, 요인 1은 유행 추종성(고유값 2.77, 설명변량 30.80%, α=.81), 요인 2는 유행 혁신성(고유값 2.67, 설명변량 29.70%, α=.77)이다.

출처

천문선, 이수경, 고애란 (2006). 문화 성향이 의복 소비 행동에 미치는 영향. 한국심리학회지: 소비자 · 광고, 7(2), 277-300.

참고문헌

김경희, 정성지 (2000). 중 · 고등학생들의 의복 동조와 의복 태도와의 관련 연구 - 서울 거주자를 중심으로. 한국의류학회지, 24(3), 401-410.

김선영, 최선형 (2000). 신세대 여성의 과시적 의복 소비 행동에 관한 연구. 복식, 50(7), 141-153.

김한나, 이은영 (2001). 유행 동조성과 혁신성에 따른 소비자 세분화 및 준거 대상 연구. 한국의류학회지, 25(7), 1341-1352.

류은정, 김수경 (2000). 의복의 과시 소비 성향 및 관련 변수와 의복 구매 행동과의 관계 연구. 복식문화연구, 8(3), 477-485.

박혜선, 이은영 (1991). 의복 동조의 개념적 구조. 한국의류학회지, 15(3), 289-296.

성영신 (1994). 한국인의 그릇된 물질주의와 과소비 유형. 한국심리학회지: 사회문제, 1(1), 69-82.

유명의, 김진구 (1993). 의복의 과시적 소비현상과 사회적 지위 불일치와의 관계 연구. 복식문화연구, 창간호, 95-111.

이옥희, 홍병숙 (1998). 청소년들의 상징적 의류제품 소비 성향과 관련 변수와의 관계 연구. 한국의류학회지, 22(6), 781-792.

이윤금, 이남숙 (1999). 대학생의 과시 소비 성향과 관련 요인 연구. 대한가정학회지, 37(5), 19-29.

이은영 (1998). 패션마케팅. 서울: 교문사.

임숙자, 신혜봉, 김혜정, 이현미 (2001). 패션마케팅과 소비자행동. 서울: 교문사.

조윤정, 고애란 (2001). 유행 선도력에 따른 소비자 세분집단의 심리적 특성과 의복 추구 혜택 특성. 소비자학연구, 12(3), 171-190.

최상진, 유승엽 (1992). 한국인의 체면에 대한 사회심리학적 한 분석. 한국심리학회지: 사회, 6(2), 137-157.

홍병숙 (2003). 소비 성향이 해외 패션 명품 이미테이션 구매에 미치는 영향.

중앙대학교 생활과학논집, 18, 19-30.

Mason, R. (1984). Conspicuous consumption: A literature review. *European Journal of Marketing, 18*(3), 26-39.

Schiffman, L. G., & Kanuk, L. L. (1994). *Consumer behavior.* NJ: Prentice-Hall.

Sproles, G. B. (1979). *Fashion: Consumer behavior toward dress.* Minneapolis: Burgess Pub. Co.

척도문항

〈과소비성〉

요인 1: 과시성

1. 가격이 다소 부담스럽더라도 의복은 고급품으로 구매한다.
2. 디자인이 유사해도 값싼 옷보다는 값비싸고 잘 알려진 브랜드의 옷을 산다.
3. 나는 주로 고급 백화점이나 전문점에 가서 의류 제품을 구매한다.
4. 이름 없는 브랜드 옷 여러 벌보다는 유명 브랜드 옷 한 벌을 구매한다.
5. 나는 가격이 비싸더라도 인지도 있는 유명 브랜드를 구매하는 편이다.

요인 2: 체면 지향성

6. 내가 마음에 드는 옷이라도 나의 위신에 손상이 갈 위험이 있는 의복은 구매하지 않는다.
7. 나는 그 의복의 브랜드 및 가격이 나를 아는 사람들에게 나를 어떻게 돋보이게 하는지를 고려하여 옷을 구매한다.
8. 내가 입기에는 수준이 낮은 옷이라면 나에게 어울리는 옷이라도 사지 않는다.
9. 나는 나의 지위에 걸맞은 옷을 구매한다.
10. 나는 체면 유지를 위해 다소 무리를 하여 옷을 구매한 적이 있다.
11. 나는 주위 사람들에게 초라해 보이거나 창피할 만한 옷은 구매하지 않는다.

〈동조성〉

요인 1: 반동조성

12. 나는 친구나 동료들이 입는 스타일과 다른 독특한 의복을 구매한다.
13. 사람들이 덜 입어서 희소성이 있는 옷을 구매한다.

14. 나만의 개성을 잘 나타내 줄 수 있는 옷을 구매하는 편이다.

요인 2: 동일시성

15. 패션잡지나 TV에 등장하는 아이템들을 눈여겨 보았다가 비슷한 의복을 구매한 적이 있다.
16. 쇼 프로그램이나 드라마에서 내가 좋아하는 연예인들이 입은 의복을 구매한 적이 있다.
17. 옷을 멋있게 잘 입는 친구들의 옷과 유사한 옷을 구매한 적이 있다.
18. 거리나 공공장소에서 다른 사람들이 입은 옷을 관심 있게 보고 그것을 구매한 적이 있다.

요인 3: 규범 동조성

19. 나는 옷을 살 때 직장 분위기에 적절한가를 고려하여 의복을 구매한다.
20. 나는 주위 사람들(친구, 가족, 동료 등)에게 부정적인 평가를 받을 만한 옷은 구매하지 않는다.
21. 나는 친구들이나 동료들의 옷 입는 기준에서 크게 벗어나지 않는 의복을 구매한다.
22. 나는 옷을 구매할 때 혼자서 쇼핑하기보다는 주위 사람(친구, 가족, 동료 등)과 함께 쇼핑하면서 옷에 대한 조언을 듣고 구매한다.

〈유행성〉

요인 1: 유행 추종성

23. 그때그때 유행하는 스타일이나 인기 있는 브랜드의 옷을 구입한다.
24. 유행이 지난 스타일의 옷은 디자인이 좋아도 사지 않는다.
25. 나는 외출복을 구매할 때 유행에 다소 뒤처지는 옷이라도 마음에 들면 산다.
26. 나는 이왕이면 요즘 유행 경향에 맞춰 의복을 구매한다.

요인 2: 유행 혁신성

27. 주위 사람들과 비교해 볼 때 새로 유행하는 스타일의 옷을 보다 먼저 구매하는 편이다.
28. 새로운 디자인의 옷이 눈에 띄면 남들이 아직 입지 않았어도 그것을 곧 구매한다.
29. 대중매체에 의해 노출되거나 점포에 진열되어 눈에 띄는 새로운 아이템을 즉각 구매한다.
30. 지금 어떤 스타일의 옷이 유행하고 있는가보다는 앞으로 유행할 스타일이 무엇인지를 고려하여 의복을 구매한다.
31. 유행 스타일의 옷을 남들보다 먼저 입는 것은 쑥스럽기 때문에 남들이 입고 나서 그때서야 구매한다.

21 질적 여가 경험 척도

구성개념

고동우(2007)는 주관적 여가 경험을 질적 여가 체험과 양적 여가 경험으로 구분하고, 질적 여가 체험을 여가 활동을 하는 동안 개인이 지각하는 즐거움의 수준으로 정의하였다.

기술

23개 문항으로 구성된 5점 Likert 척도다.

개발

개념적으로 여섯 개의 차원을 가정하였는데, 다섯 개의 차원은 성영신, 고동우, 정준호(1996)가 분석한 질적 여가 경험 자료를 근거로 하였고, 추가적으로 Csikszentmihalyi(1990)의 몰입 차원을 포함하였다. 그리고 여섯 개 차원에 해당되는 심리적 체험 정도를 총 32개 문항으로 구성하였다. 이 척도를 연구 참가자들을 대상으로 조사하고, 조사 결과에 대해 주축 요인분석을 한 다음 척도 순화 과정을 거쳤다. 이 과정에서 32개 문항 중 23개 문항이 비교적 해석 가능한 요인 구조에 포함되었다. 그리고 초기 척도 구성 시 가정하였던 여섯 개 차원의 경험 구조는 타당하지 않은 것으로 나타났으며, 다섯 개 차원이 적절한 것으로 나타났다.

표본

한국인은 대구 지역 주민 300명(남자 144명, 여자 156명; 평균연령 30.2세), 중국인은 베이징과 상하이 주민 각각 100명씩 총 200명(남자 106명, 여자 94명; 평균연령 31.8세)이 연구에 참가하였다.

신뢰도와 타당도

최종적으로 추출된 23개 문항의 내적 일치도(α)는 .86으로 나타났다. 다섯 개 요인을 고정하여 회전한 23개 문항의 추축요인분석 결과, 다섯 개 요인이 전체 변량의 60.9%를 설명하였다. 요인 1은 자유와 몰입(고유값 7.03, 설명변량 30.57%), 요인 2는 자연 교류(고유값 2.62, 설명변량 11.40%), 요인 3은 통제감(고유값 1.83, 설명변량 7.99%), 요인 4는 유능감(고유값 1.43, 설명변량 6.25%), 요인 5는 사회 교류(고유값 1.09, 설명변량 4.72%)다.

출처

고동우 (2007). 한국과 중국 대도시 거주자의 여가 태도와 여가 경험. 한국심리학회지: 소비자 · 광고, 8(2), 161-182.

참고문헌

성영신, 고동우, 정준호 (1996). 여가 경험의 심리적 본질: 재미란 무엇인가? 소비자학연구, 7(2), 35-57.

Csikszentmihalyi, M. (1990). *Flow: The psychology of optimal experience.* NY: Harper Perennial.

척도문항

요인 1: 자유와 몰입

1. 여가 활동을 스스로 선택하고 수행하는 것이 재미있다.
2. 여가 활동을 할 때 진정으로 즐거움을 느끼는 편이다.

3. 여가 활동을 할 때 도전과 성취감을 느끼는 편이다.
4. 여가 상황에서 자유로움을 많이 느낀다.
5. 여가 활동을 할 때 그 활동 자체에 완전히 몰두하게 된다.
6. 여가 활동을 하는 동안 나의 성격이나 가치관을 잘 표현한다.
7. 나는 여가 활동을 하는 동안에 내 생각과 행동이 일치되는 것을 느낀다.
8. 나는 여가 활동을 할 때 주도적인 역할을 하는 편이다.

요인 2: 자연 교류

9. 여가 활동을 하는 동안 자연의 일부가 되는 것이 즐겁다.
10. 여가 활동을 하는 동안 자연과 교류하는 것이 즐겁다.
11. 여가 활동을 하는 동안 자연과 일치되는 느낌을 가지는 편이다.

요인 3: 통제감

12. 여가 활동을 하는 동안 자연을 정복하는 느낌이 들곤 한다.
13. 내가 여가 활동을 하는 동안 자연을 통제할 수 있는 것이 즐겁다.
14. 나는 여가 활동을 하는 동안 사회경제적 지위를 표현하는 편이다.
15. 나는 여가 활동을 하는 동안 사회적 규범이나 의무감을 느끼는 편이다.*

요인 4: 유능감

16. 여가 생활은 나의 여러 가지 능력을 증진시킨다.
17. 여가 생활을 통하여 스스로 성장하는 느낌을 가진다.
18. 여가 활동을 하는 동안 다른 사람들은 나의 능력이나 기술을 인정해 주는 편이다.
19. 여가 활동을 통하여 내 능력을 확인하는 것이 재미있다.

요인 5: 사회 교류

20. 여가 활동을 통하여 새로운 사람들을 만나는 것이 즐겁다.
21. 여가 활동을 통하여 기존의 친구/가족들과의 관계가 돈독해지는 것이 즐겁다.
22. 여가 활동을 하면서 사회 교류가 더 돈독해지고 있다.
23. 나의 사회적 교류 범위는 여가 활동을 통해서 보다 확대되고 있다.

* *표는 역채점 항목임.

제2장

광고 관련 척도

1 정치광고에 대한 감정적 반응 척도

구성개념

정치광고에 대한 감정적 반응이란 유권자가 광고에 노출되는 동안 그 광고에 대한 전반적인 평가 혹은 광고에 의해 발생되는 감정을 의미하는 것으로, 실험 대상 광고물을 시청한 후에 광고 자체에서 느끼는 자극으로서의 반응을 의미한다. 따라서 광고에 대한 감정적 반응은 상황에 한정된 구성개념으로서 광고 노출 시에 생긴 광고에 대한 감정적 반응으로 해석된다(이학식, 1991; 이상빈, 한현정, 1993; 이형재, 최미정, 2003).

기술

20개의 문항으로 구성된 5점(전혀 그렇지 않다 …… 정말 그렇다) 단극 형용사 척도다.

개발

이학식(1991)이 범주화시켜 놓은 척도 가운데 즐거운, 차분한, 부정적인 등에 관한 15개 문항, Burke와 Edell(1989)의 5점 단극 형용사 척도인 69개 문항의 감정 척도, 김완석의 다양한 감정 반응, 그 밖의 여러 연구에서 제시된 연구 목적에 적합하다고 판단되는 변수들을 선정하여 TV 정치광고라는 특성에 맞게 재구성하였다.

표본

연구 참가자는 대학생과 일반인 250명을 대상으로 하였으며, 최종 자료 처리에는 232명의 자료가 분석되었다.

신뢰도와 타당도

20개 문항을 요인분석한 결과 네 개의 요인이 추출되었다. 요인 1은 신뢰감(설명변량 20.9%, α=.89), 요인 2는 각성/환기(설명변량 18.1%, α=.86), 요인 3은 즐거움(설명변량 13.6%, α=.78), 요인 4는 부정적(설명변량 10.6%, α=.70)으로 명명되었다.

출처

이형재, 최미정 (2003). TV 정치광고 유형에 따른 감정적 반응에 관한 연구—후보자 등장 광고와 증언식 광고의 비교 중심으로. **광고연구**, 61, 73-103.

참고문헌

이상빈, 한현정 (1993). 인쇄 매체 반응 프로파일을 통한 광고 설득과정 모델의 검증. **광고연구**, 18, 87-121.

이학식 (1991). 정서적 반응이 광고 효과에 미치는 영향: 제품 소비 경험과 관여도의 조정적 역할. **경영학연구**, 21(1), 345-367.

Burke, M. C., & Edell, J. A. (1989). The impact of feelings on AD based affect and cognition. *Journal of Marketing Research, 26*, 69-83.

척도문항

요인 1: 신뢰감(credibility)

1. 안정감 있는
2. 설득력 있는
3. 믿을 만한

4. 참신한
5. 편안한
6. 기대되는
7. 확신이 드는
8. 희망적인

요인 2: 각성/환기(arousal)

9. 흥분된
10. 주의를 끄는
11. 인상적인
12. 흥미 있는
13. 매력적인

요인 3: 즐거움(pleasure)

14. 즐거운
15. 유쾌한
16. 친근한
17. 감동적인

요인 4: 부정적(negative)

18. 기만하는
19. 의심스러운
20. 분노감을 주는

2 정치광고에 대한 감성적 반응 척도

구성개념

탁진영(2005)의 연구는 정치광고의 시청으로 유발된 유권자의 감성적 반응에 영향을 미치는 후보자의 이미지 구성 요인을 밝히고 있다.

기술

아홉 개의 문항으로 구성된 5점 Likert 척도(① 전혀 그렇지 않다 …… ③ 그저 그렇다 …… ⑤ 매우 그렇다)다.

개발

유권자 투표 행위 연구(Marcus, 1988)에서 가장 보편적으로 사용하는 다섯 가지 개별 감정과 정치광고의 효과 연구(Kaid, 1995)에서 가장 보편적으로 사용하는 열 가지 개별 감정을 사전 연구하여 감정 반응 척도를 구성하였다.

표본

연구에 참여한 피험자는 선거권이 있는 대학생 152명을 대상으로 하였다.

신뢰도와 타당도

내적 일치도 계수인 Cronbach의 $\alpha = .84$다.

출처

탁진영 (2005). 후보자 이미지 형성에 미치는 텔레비전 정치광고의 효과에 관한 연구: 이미지 구성요소를 중심으로. 광고학연구, 16(1), 7-35.

참고문헌

Kaid, L. L. (1995). Measuring candidate images with semantic differentials. In K. L. Hacker (Ed.), *Candidate images in presidential elections* (pp. 131-134). Westport, CT: Praeger.

Marcus, G. E. (1988). The structure of emotional response. *American Political Science Review, 82*, 737-761.

척도문항

1. 희망적이다
2. 불안하다
3. 두렵다
4. 안전하다
5. 확신한다
6. 흥분된다
7. 환기가 된다
8. 애국심이 생긴다
9. 기분이 좋다

3 정치광고 후보자에 대한 투표 의향 척도

구성개념

해당 자료 없음.

기술

두 개의 문항으로 구성된 7점 Likert 척도(① 전혀 그렇지 않다 …… ④ 그저 그렇다 …… ⑦ 매우 그렇다)다.

개발

유권자 투표 행위 연구에서 가장 보편적으로 사용되는 문항을 사용하였다(Pinkleton, 1998).

표본

연구에 참여한 피험자는 선거권이 있는 대학생 152명을 대상으로 하였다.

신뢰도와 타당도

내적 일치도 계수인 Cronbach의 $\alpha = .9175$다.

출처

탁진영 (2005). 후보자 이미지 형성에 미치는 텔레비전 정치광고의 효과에 관

한 연구: 이미지 구성요소를 중심으로. 광고학연구, 16(1), 7-35.

참고문헌

Pinkleton, B. (1998). Effects of print comparative political advertising on political decision-making and participation. *Journal of Communication, 48*, 24-36.

척도문항

1. 나는 (   )에게 투표하고 싶은 마음이 든다.
2. 나는 (   )에게 투표할 것 같다.

4 정치광고 공격성 척도

구성개념

공격적 정치광고는 광고주가 피공격 후보나 정당에 대해 부정적인 인상을 심어 주기 위해 피공격 후보나 정당의 약점, 즉 부정적인 측면을 강조하는 광고를 의미한다(Merritt, 1984; Shapiro & Rieger, 1992). 정치광고의 공격성 정도는 피험자의 실험 처치물에 대한 공격성을 어느 정도라고 생각하는가를 알아보는 것이다.

기술

두 개 문항으로 구성된 7점 Likert 척도다.

개발

해당 자료 없음.

표본

서울 시내 여섯 개 대학의 매스컴 관련 교양과목 및 전공과목 수강생을 위주로 총 550명을 표집하였으며, 이 중 불성실한 설문지를 제외한 408명의 자료를 분석하였다.

신뢰도와 타당도

내적 일치도 계수인 Cronbach의 $\alpha = .84$다.

출처

김정현 (2000). 공격적 정치광고의 효과에 영향을 미치는 변인들의 관계에 관한 연구. 광고학연구, 11(3), 29-60.

참고문헌

Merritt, S. (1984). Negative political advertising: Some empirical findings. *Journal of Advertising, 13*, 27-38.

Shapiro, M. A., & Rieger, H. (1992). Comparing positive and negative political advertising on radio. *Journalism Quarterly, 69*(1), 135-145.

척도문항

1. 이 정치광고가 얼마나 공격적이라고 생각합니까?
2. 이 정치광고가 얼마나 노골적으로 상대 후보의 약점을 비방하고 있다고 생각합니까?

5 정치광고에 대한 윤리성 척도

구성개념

광고에 대한 윤리적 판단은 감정 반응과 함께 광고에 대한 태도의 선행 요인으로 간주되는 인지적 평가와 같은 맥락에서 살펴볼 수 있다. 그러나 광고에 대한 인지적 평가는 광고의 신뢰도(광고의 내용이 진실되고 믿을 만한가?)와 제작 요소(메시지 제시방식, 카피 등)에 대한 지각을 주 내용으로 하는 광고 전체에 대한 평가를 의미한다(김광수, 1998; Edell & Burke, 1987). 그러나 정치광고에 대한 윤리성은 광고 전반에 대한 윤리적인 인지적 평가가 아니라 정치광고의 법적 · 도덕적 차원에 국한된 평가를 의미한다.

기술

정치광고에 대한 윤리적 판단은 광고에 대한 법적 · 도덕적 차원의 평가를 묻는 다섯 개 문항으로 구성된 7점 Likert 척도다.

개발

해당 자료 없음.

표본

서울 시내 여섯 개 대학의 매스컴 관련 교양과목 및 전공과목 수강생을 위주로 총 550명을 표집하였으며, 이 중 불성실한 설문지를 제외한 408명의 자료를 분석하였다.

신뢰도와 타당도

내적 일치도 계수인 Cronbach의 $\alpha=.91$이다.

출처

김정현 (2000). 공격적 정치광고의 효과에 영향을 미치는 변인들의 관계에 관한 연구. **광고학연구**, 11(3), 29-60.

참고문헌

김광수 (1998). 정치광고 후보자의 이미지에 끼치는 영향: 광고 태도를 중심으로. **광고학연구**, 9(2), 69-87.

Edell, J. A., & Burke, M. (1987). The power of feelings in understanding advertising effects. *Journal of Consumer Research, 14*(Dec.), 421-433.

척도문항

1. 이러한 광고는 인간적으로 너무 심하다.
2. 이러한 광고는 정치 도의상 문제가 있다.
3. 이러한 광고는 백해무익하므로 없어져야 한다.
4. 이러한 광고는 법적으로 충분히 문제될 수 있다.
5. 이러한 광고는 윤리적으로 문제가 있다.

6 정치광고 후보자에 대한 태도 척도

구성개념

많은 연구에서 후보에 대한 사전 태도에 따라 설득 메시지의 효과가 다르게 나타날 것이라는 예상하에 후보에 대한 태도를 후보와 같은 정당에 속해 있는가 및 정당 소속감, 선호도, 지지도 등 다양한 방식으로 측정하여 설득 효과에 어떠한 영향을 미치는가를 알아보았다.

기술

후보에 대한 느낌이나 평가를 묻는 세 개의 문항으로 구성된 7점 의미변별 척도다.

개발

해당 자료 없음.

표본

서울 시내 여섯 개 대학의 매스컴 관련 교양과목 및 전공과목 수강생을 위주로 총 550명을 표집하였으며, 이 중 불성실한 설문지를 제외한 408명의 자료를 분석하였다.

신뢰도와 타당도

내적 일치도 계수인 Cronbach의 $\alpha=.84$다.

출처

김정현 (2000). 공격적 정치광고의 효과에 영향을 미치는 변인들의 관계에 관한 연구. 광고학연구, 11(3), 29-60.

참고문헌

해당 자료 없음.

척도문항

1. 좋아한다 ——— 싫어한다
2. 호감이 간다 ——— 호감이 가지 않는다
3. 신뢰할 수 있다 ——— 신뢰할 수 없다

7 광고 일반에 대한 (전반적) 태도 척도

구성개념

광고에 대한 전반적 태도는 광고의 필요성과 유용성에 대한 인식, 광고로 촉발된 구매 의도가 포함된 단일 차원의 요인으로 확인되었다(박은아, 백지은, 2006). 광고에 대한 전반적 태도(attitude toward a advertising)는 곧 특정 광고물의 효과(attitude toward the advertisement)로 이어진다(Bauer & Greyser, 1968). Alwitt와 Prabhaker(1992)는 광고에 관한 여러 신념 가운데 '광고가 소비자에게 적합한 정보를 사실적으로 제공해 준다.' 는 인식이 전반적 광고 태도에 있어서 가장 중요한 영향임을 밝혔다.

기술

총 다섯 개의 문항으로 구성되어 있다(척도점에 관해서는 보고되지 않았음).

개발

Moschis(1981)가 제작한 광고 태도 척도를 번역하여 사용하였다. 이 척도는 4대 매체의 광고를 대상으로 전반적 광고 태도를 묻는 열 개의 문항으로 구성된 것이다. 각 매체별로 광고 태도에 관해 유사한 질문 내용을 포함하고 있어 실제 전반적 광고에 대한 태도를 측정하는 항목은 여섯 개 문항만을 사용하였다.

표본

서울과 수도권 및 광역시(부산, 대구, 광주, 대전, 울산)에 거주하는 만 13~64세의 청소년과 성인 2,000명을 다단계층화 추출법에 의해 추출하여 일대일 면접조사를 실시하였다.

신뢰도와 타당도

여섯 개의 문항으로 광고에 대한 전반적 태도를 측정하고 구성 요인을 확인하기 위해 요인분석한 결과, 한 문항을 제외한 다섯 개 문항의 설명변량이 51.16%인 단일 요인으로 확인되었다. 제외된 한 문항은 광고에 대한 관심을 묻는 문항으로, 요인부하량이 .30 이하로 나타나서 부적절한 것으로 판단하였다. 다섯 개 문항에 대한 내적 일치도(α)는 .76이다.

출처

박은아, 백지은 (2006). 광고에 대한 인식 유형별 광고 반응 및 소비 특성의 비교. 광고연구, 72(가을), 123-146.

참고문헌

Alwitt, L. F., & Prabhaker, P. R. (1992). Functional and belief dimensions of attitudes to television advertising. *Journal of Advertising Research, 32*(5), 30-42.

Bauer, R. A., & Greyser, S. A. (1968). *Advertising in America: The consumer view.* Boston: Division of Research, Graduate School of Business Administration, Harvard University.

Moschis, G. P. (1981). Patterns of consumer learning. *Journal of the Academy of Marketing Science, 9*, 110-126.

척도문항

1. 광고에서 얻은 정보는 구매 행위에 도움을 준다.
2. 전체적으로 볼 때, 광고는 좋은 점이 더 많다.
3. 광고하는 제품은 안 하는 제품에 비해 더 믿을 수 있다.
4. 광고에서 자주 본 제품을 사는 편이다.
5. 광고가 마음에 들어 그 제품을 사는 경우가 있다.

8 광고 내용/사진 평가 척도

구성개념

해당 자료 없음.

기술

광고 내용 평가는 여섯 개 문항으로 구성된 7점 의미변별 척도이며, 광고 사진 평가는 네 개 문항으로 구성된 7점 의미변별 척도다. 피험자들은 네 개의 집단에 할당되었으며, 광고물을 하나씩 읽은 다음 주어진 설문지에 답하였다. 소요 시간은 약 30분이었다.

개발

메시지 자체의 특징에 의하여 인지적 반응 경로가 어떻게 달라지는지를 알아보기 위하여 메시지 프레이밍(긍정적/부정적)과 소구 방향(신체적 소구/심리적 소구)의 차이를 상대적으로 비교하고, 광고 내용 간에 차이가 있는지를 사전 점검하였다.

표본

연구에 참여한 피험자는 서울에 소재하는 남자 고등학생 291명을 대상으로 하였다.

신뢰도와 타당도

광고 사진 평가 척도의 내적 일치도(α)는 .91이다(광고 내용 평가 척도의 내적 일치도는 보고되지 않았음).

출처

조형오 (2000). 금연광고 메시지 유형의 효과 분석: 메시지 프레이밍과 메시지 소구 방향의 매개 역할. **광고학연구**, 11(1), 133-157.

참고문헌

Homer, P. M., & Yoon, S. G. (1992). Message framing and the interrelationships among the ad-based feelings, affects, and cognition. *Journal of Advertising*, *21*(1), 19-32.

척도문항

광고 내용 평가

1. 이해하기 어렵다 ——— 이해하기 쉽다
2. 정보의 양이 적다 ——— 정보의 양이 많다
3. 믿기 어렵다 ——— 믿음이 간다
4. 신뢰감이 가지 않는다 ——— 신뢰감이 간다
5. 과장이 심하다 ——— 과장이 심하지 않다
6. 광고물의 질이 낮다 ——— 광고물의 질이 우수하다

광고 사진 평가

7. 불쾌한 느낌을 준다 ——— 즐거운 느낌을 준다
8. 부정적 이미지다 ——— 긍정적 이미지다
9. 어두운 분위기다 ——— 밝은 분위기다
10. 부정적 정보를 제공한다 ——— 긍정적 정보를 제공한다

9 광고 모델에 대한 아동의 태도 척도

구성개념

광고 모델의 정보원적 속성이 아동에게 미치는 효과라는 측면에서 곽동성과 김성기(2004)는 아동이 쉽게 구분할 수 있는 호감성, 유사성 및 전문성만을 정보원 속성으로 선정하였다. 즉, 그들은 아동이 광고 모델로부터 호감성, 유사성, 전문성 등은 쉽게 지각하고 인지할 수 있으나 신뢰성, 진실성, 신체적 매력 등은 아동들의 인지 발달상 지각하고 분류하여 제품 광고로 전이되기에는 어려움이 있으리라 예측하였다.

기술

호감성과 유사성 그리고 전문성에 대하여 네 개의 문항씩 총 12개 문항으로 구성된 5점 척도다.

개발

Ohanian(1991)이 개발한 15개 문항을 토대로 구성하였다.

표본

연구 참가자는 안양시의 초등학교 3학년 이상인 420명을 대상으로 하였으며, 최종 자료 처리에는 379명의 자료가 분석되었다.

신뢰도와 타당도

12개 문항을 요인분석한 결과 세 개의 요인이 추출되었다. 요인 1은 호감성(설명변량 27.26%), 요인 2는 유사성(설명변량 26.18%), 요인 3은 전문성(설명변량 11.53)이며, 요인별 신뢰도 계수(α)는 각각 .86, .83, .65였다.

출처

곽동성, 김성기 (2004). 유명인 광고 모델의 속성이 광고와 브랜드 태도에 미치는 영향—아동의 제품 유형을 중심으로. **광고연구**, 62, 7-28.

참고문헌

Ohanian, R. (1991). The impact celebrity spokesperson's perceived image on consumer's intention to purchase. *Journal of Advertising Research, 31*(1), 46-54.

척도문항

요인 1: 호감성

1. 마음에 든다 ——— 마음에 안 든다
2. 멋있다 ——— 멋있지 않다
3. 관심이 간다 ——— 관심이 안 간다
4. 좋은 사람 ——— 싫은 사람

요인 2: 유사성

5. 나이가 비슷하다 ——— 비슷하지 않다
6. 친구가 될 수 있다 ——— 친구가 될 수 없다
7. 함께 놀이를 할 수 있다 ——— 할 수 없다
8. 지식 수준이 나와 비슷하다 ——— 차이가 난다

요인 3: 전문성

9. 아는 것이 많은 사람 ——— 아는 것이 적은 사람

10. 전문 지식이 많은 사람 ——— 전문 지식이 적은 사람
11. 경험이 많은 사람 ——— 경험이 적은 사람
12. 기술이 뛰어난 사람 ——— 기술이 뛰어나지 않은 사람

10 광고에 대한 인식 척도

구성개념

소비자가 광고에 대해 갖고 있는 인식은 장기간에 걸쳐서 소비자들이 경험한 광고들에 의해 형성된 것으로, 광고의 다양한 특징과 기능에 대한 일반화된 신념이라고 볼 수 있다.

기술

일곱 개 요인의 총 23개 문항으로 구성되었다(척도점에 관해서는 보고되지 않았음).

개발

기존 국내외 연구들로부터 수집한 65개의 문항을 축소하여 40개의 문항을 구성하였다. 이들 문항에 대한 응답 결과를 요인분석(주성분분석)하여 고유근이 1.0 이상인 일곱 개의 요인을 추출하고 요인 구조를 명확히 하기 위해 배리맥스 회전한 결과, 최종적으로 일곱 개 요인 23개 문항의 광고에 대한 인식 척도를 확정하였다.

표본

서울과 수도권 및 광역시(부산, 대구, 광주, 대전, 울산)에 거주하는 만 13~64세의 청소년과 성인 2,000명을 다단계층화 추출법으로 추출하여 일대일 면접조사를 실시하였다.

신뢰도와 타당도

추출된 일곱 개 요인의 경우, 요인 1은 소비주의 촉진(고유값 2.852, 설명변량 12.399%, α=.763), 요인 2는 모델 의존성(고유값 2.319, 설명변량 10.084%, α=.733), 요인 3은 사회 품위 저해(고유값 2.001, 설명변량 8.702%, α=.709), 요인 4는 사회 문화 형성(고유값 1.647, 설명변량 7.159%, α=.601), 요인 5는 광고 불신(고유값 1.583, 설명변량 6.886%, α=.703), 요인 6은 정보 제공(고유값 1.445, 설명변량 6.283%, α=.487), 요인 7은 재미 오락성(고유값 1.407, 설명변량 6.118%, α=.547)이다. 총 23개 문항의 내적 신뢰도 계수(α)는 .778이다.

출처

박은아, 백지은 (2006). 광고에 대한 인식 유형별 광고 반응 및 소비 특성의 비교. 광고연구, 72(가을), 123-146.

참고문헌

공보처 (1997). 광고에 대한 의식 및 태도 조사. 공보처, 미간행 조사보고서.

한국광고자율심의기구 (2004). 광고에 대한 일반 소비자 의견 조사. 한국광고자율심의기구, 미간행 조사보고서.

한국방송광고공사 (1993). 방송광고에 대한 소비자 의견 조사. 한국방송광고공사, 미간행 조사보고서.

한국방송광고공사 (1994). 방송광고에 대한 소비자 의견 조사. 한국방송광고공사, 미간행 조사보고서.

한국방송광고공사 (2004). Media & consumer research. 한국방송광고공사, 미간행 조사보고서.

Pollay, R., & Mittal, B. (1993). Here's the beef: Factors, determinants and segments in consumer criticism of advertising. *Journal of Marketing, 57*, 99-114.

척도문항

요인 1: 소비주의 촉진

1. 상품 가격을 상승시킨다.
2. 소비심리를 자극한다.
3. 유행을 선도한다.
4. 제조회사 간의 경쟁을 과도하게 자극한다.
5. 소비생활에 있어서 낭비를 조장한다.
6. 다양한 정보를 제공하여 제품 선택의 폭을 넓힌다.

요인 2: 모델 의존성

7. 광고 모델을 따라 해 보고 싶은 생각이 들곤 한다.
8. 광고는 내용보다 모델이 더 중요하다.
9. 광고 모델이 마음에 들어 제품을 구매하고 싶을 때가 있다.
10. 외국인 모델이 광고하는 제품은 아무래도 고급스럽다.

요인 3: 사회 품위 저해

11. 프로그램이나 기사 내용에 악영향을 줄 수 있다.
12. 외설적인 내용으로 인하여 사회의 품위를 저하시킨다.
13. 사회 도의와 규범에 벗어나는 경우가 있다.

요인 4: 사회문화 형성

14. 건전한 소비 습관을 형성시킨다.
15. 다양한 광고 기법과 표현으로 심미안을 길러 준다.
16. 기업 간의 건전한 경쟁을 유도한다.

요인 5: 광고 불신

17. 전반적으로 제품에 대한 광고 내용이 정직하지 못하다.
18. 광고 내용에 믿음이 가지 않는다.

요인 6: 정보 제공

19. 나에게 필요한 제품 광고는 관심 있게 보는 편이다.
20. 광고는 나의 소비생활에 도움이 된다.
21. 광고는 재미있는 것보다 정보를 제공하는 것이 더 중요하다.

요인 7: 재미 오락성

22. 재미있는 광고는 많이 봐도 싫증이 나지 않는다.
23. 광고는 우선 재미있어야 한다.

11 광고에 대한 태도 척도

구성개념

광고에 대한 감정적 차원의 반응은 광고 자체에 포함되어 있는 메시지, 비주얼, 이미지 등의 모든 요소들에 대한 소비자의 감정과 성향에 관련된 반응의 종합 결과(좋아함과 싫어함)로 나타난다(Ash & Wee, 1983). 소비자는 광고에 대해 감정적 동기를 일으켜 보다 호의적인 태도를 가지게 된다.

기술

열 개 항목으로 구성된 7점 Likert 척도다.

개발

Holmes와 Crocker(1987), Donthu(1992)가 사용한 척도를 번안하여 사용하였다.

표본

피험자는 대구 · 경북 지역 14개 대학의 640명을 대상으로 하였다.

신뢰도와 타당도

요인분석 결과 하나의 요인(설명변량 63.379%)으로 묶였고, 내적 일치도(α)는 .9347이다.

출처

기화서, 이승엽 (2001). 비교 강도에 따른 비교 광고의 효과: 메시지 제시 유형 및 제품 관여도와의 상호작용 효과를 중심으로. 광고학연구, 12(3), 53-80.

참고문헌

Ash, S. B., & Wee, C. (1983). Comparative advertising: A review with implications for further research. *Advances in Consumer Research, 10*, 370-376.

Donthu, N. (1992). Comparative advertising intensity. *Journal of Advertising Research, 32*, 53-58.

Holmes, J. H., & Crocker, K. E. (1987). Predisposition in the comparative effectiveness of rational, functional and discrepant appeals for both. *Journal of the Academy of Marketing Science, 15*, 11-18.

척도문항

1. 호소력이 있다
2. 믿을 만하다
3. 인상적이다
4. 매력적이다
5. 유익한 정보를 제공하고 있다
6. 내용이 명확하다
7. 주목을 끈다
8. 매우 호의적이다
9. 설득력이 있다
10. 전반적으로 좋다

12 광고에 대한 윤리 지각 척도

구성개념

광고는 우리 사회에 가져다주는 많은 긍정적인 측면에도 불구하고, 사회적 비판의 대상이 되기도 한다. 주된 비평으로는 청소년과 여성을 포함한 건강 관련 문제, 물질 만능주의의 촉진, 공포심 및 성적 표현 등의 감정적 소구를 이용한 심리의 조종 등을 들 수 있다. 이러한 광고의 윤리적 문제에 대한 비평은 사회적 논쟁의 대상이 되기도 한다. Treis, Weigold, Conna와 Garrison(1994)은 광고의 논쟁적 문제에 대해 소비자의 반응을 측정하였다. 연구 대상으로 사용된 광고의 논쟁적 문제는 어린이들을 대상으로 하는 광고, 여성과 소수민족을 대상으로 하는 광고, 담배 광고, 불쾌한 광고 등이었다. 다양한 연령과 계층으로부터 측정된 연구 결과는 일반적으로 논쟁이 되고 있는 많은 광고 표현에서 소비자들이 허용하는 윤리적 기준을 넘어서고 있는 것으로 나타났다.

기술

광고에 대한 윤리 지각을 측정하기 위해 다섯 가지 분야, 즉 ① 광고에 대한 일반적인 태도, ② 어린이들을 대상으로 하는 광고, ③ 성적 표현을 이용한 광고, ④ 담배 광고, ⑤ 불쾌한 광고로 묶었고, 5점 Likert 척도(① 절대 찬성, ② 찬성, ③ 중립, ④ 반대, ⑤ 절대 반대)로 총 22개의 문항을 구성하였다.

개발

Treis와 그의 동료들(1994)의 연구에서 사용된 문항들을 국내 실정에 맞게 수정하여 사용하였으며, 미국과 한국 소비자의 반응 비교를 위한 미국의 자료 역시 Treis와 그의 동료들의 연구 자료를 사용하였다. 한국과 미국 소비자들의 평가를 알아보기 위해 다섯 가지 분야를 대상으로 하였다.

표본

조사에 참여한 피험자는 서울의 백화점과 쇼핑센터에서 113명, 서울의 도서관에서 일대일 면접을 통해 190명을 선발하여 전체 303명이 참여하였다.

신뢰도와 타당도

해당 자료 없음.

출처

박현수 (2000). 광고 윤리에 대한 소비자 평가와 EPQ에 의한 윤리적 가치관의 중재 효과. **광고학연구**, 11(3), 147-163.

참고문헌

Treis, D., Weigold, M. F., Conna, J. P., & Garrison, H. (1994). Ethics in advertising ideological correlates of consumer perceptions. *Journal of Advertising, 23*(3), 59-69.

척도문항

광고에 대한 일반적인 태도

1. 광고가 너무 많다.
2. 광고는 어린이들에게 해롭다.
3. 광고는 부도덕성을 조장한다.
4. 광고는 우리에게 불필요한 것을 갖고 싶게 한다.

5. 나는 자주 TV 광고 보는 것을 즐긴다.
6. 광고는 우리 생활의 경제적인 면에서 꼭 필요하다.
7. 광고주들이 아무 문제없다.
8. 나는 많은 광고인들이 제품이나 서비스에 대해 좋은 정보를 준다고 믿는다.
9. 광고는 내가 더 좋은 구매 결정을 하도록 도와준다.

어린이들을 대상으로 하는 광고

10. '닌자 거북이' 나 '미키마우스' 등의 만화는 단지 만화 캐릭터의 장난감을 팔기 위한 30분짜리 광고이기 때문에 비도덕적이다.
11. 어린이들을 대상으로 하는 사탕이나 껌에 관한 광고는 비윤리적이다.
12. 정부가 아닌 부모가 아이들의 TV 시청 여부를 결정해야 한다.

성적 표현을 이용한 광고

13. 품위 있게만 된다면 어떤 종류의 상품들은 성적 매력을 이용해도 무방하다.
14. 요즘 광고에는 성을 이용하는 것이 너무 많다.
15. 일반적인 잡지에 누드 광고를 게재하는 것은 바람직하지 않다.
16. 성적인 광고들은 청소년들이 성에 관해 적극적이 되도록 하는 책임이 있다.

담배 광고

17. 나는 담배 판매는 불법이 되어야 한다고 믿는다.
18. 나는 모든 담배 광고는 불법이 되어야 한다고 믿는다.
19. 현재의 정책, 즉 담배 광고에 대해 TV와 라디오에서는 규제하되 잡지와 옥외광고 게시판에서 허용하는 것은 담배 광고주의 권리와 소비자 보호 사이의 적당한 절충이다.

불쾌한 광고

20. 나는 방송국 등에서 사람들을 불쾌하게 하는 제품(예: 생리대)에 대한 광고를 거부하기를 바란다.
21. 만일 내가 구독하고 있는 신문에서 좌익 단체나 인종차별주의자 같은 극단주의자들의 광고를 싣는다면 신문 구독을 중단하겠다.
22. AIDS의 확산을 막기 위해 정부는 콘돔의 TV 광고를 허용해야 한다.

13 광고 창의성 척도

구성개념

광고인 15명을 대상으로 한 심층면접을 통해 광고 창의성을 전략에 기초하고(적절성) 독창적이며 완성도가 높은 정도로 정의하였다.

기술

15개 문항으로 구성된 6점 Likert 척도(① 전혀 관련성이 없다 …… ⑥ 매우 관련성이 높다)다.

개발

광고계에서 10년간 광고상을 수상했거나 화제가 되었던 광고물의 작업에 참여한 광고인 가운데 15명(AE 4명, 카피라이터 4명, 아트디렉터 3명, CF 감독 4명)을 대상으로 심층면접을 실시한 다음, 광고인 158명을 대상으로 조사를 실시하여 광고 창의성 구성개념으로 명료성, 놀라움, 관련성, 독특성 등의 차원을 밝혀냈다.

표본

10위권 안에 드는 광고 회사 네 군데와 10위권을 벗어난 일곱 군데에서 광고인 158명을 대상으로 조사를 실시하였다. 응답자들의 직종은 카피라이터 32명, 아트디렉터 41명, AE 54명, CM 플래너 31명으로 구성되었다.

신뢰도와 타당도

15개의 항목을 배리맥스 회전하여 요인분석한 결과가 다음과 같이 나타났다. 단순한 아이디어, 신선한 개념, 공감 메시지는 어떤 요인에도 유의미한 적재치를 지니고 있지 못하다.

항 목	명료성	놀라움	관련성	독특성
분명한 메시지	.784			
단순한 표현	.637	.400		
메시지	.684			
강조점	.576			
기대하지 못함		.710		
놀랄 만한 요소		.702	.401	
극적		.679	.407	
새로운 스타일		.677		
유용한 개념			.856	
소비자 혜택			.796	
독특성				.796
차별성				.745
단순한 아이디어	.586	.494		
신선한 개념	.474	.561		
공감 메시지	.456		.522	
아이겐 값(%)	2.839(18.93)	2.837(18.92)	2.139(14.26)	1.662(11.08)

출처

유창조, 김광수, 신강균, 김철민, 이화자 (2001). 광고 창의성의 구성 및 선행 요인에 관한 연구. 광고학연구, 12(3), 125-143.

참고문헌

해당 자료 없음.

척도문항

1. 메시지가 분명해야 한다.
2. 표현이 단순해야 한다.
3. 메시지가 있어야 한다.
4. 강조점이 있어야 한다.
5. 기대하지 못했던 방식이어야 한다.
6. 놀랄 만한 요소가 있어야 한다.
7. 극적이어야 한다.
8. 새로운 스타일이어야 한다.
9. 개념이 유용해야 한다.
10. 소비자의 혜택과 관련이 있어야 한다.
11. 독특해야 한다.
12. 차별적이어야 한다.
13. 아이디어가 단순해야 한다.
14. 개념이 신선해야 한다.
15. 소비자가 공감할 수 있는 메시지여야 한다.

14 광고 평가 측정 척도

구성개념

소비자가 광고를 시청하고 난 후 광고된 상표에 대한 태도 형성 과정은 많은 연구자들의 연구 대상이 되어 왔으며, 광고에 대한 감정적 반응의 구조와 역할은 연구의 초점이 되어 왔다. 소비자들의 감정적 반응이 그 대상에 따라 주관적인 감정과 객관적 대상에 대한 감정으로 구분되어야 할 필요성은 이미 여러 학자들에 의하여 제기되어 왔다. 또한 몇몇 학자들에 의하여 광고에 대한 감정적 반응을 광고에 대한 감정과 광고를 통해 느끼는 주관적인 상태의 감정으로 구분한 연구도 시도되었다. Edell과 Burke(1987)는 소비자들이 광고를 통해 느끼는 주관적인 감정과 광고에 대한 소비자의 평가를 직접적으로 구분하여 측정하였다. 성영신과 박은아(1995)는 언어 보고법(verbal report)을 통해 수집된 자료를 토대로 내용을 분석하여 감정적 반응을 소비자의 몰입 수준에 따른 '유발된 감정'과 '느낀 감정'으로 구분하였다. 유창조와 권익현(1999), 유창조(1999)는 광고에 대한 감정과 광고를 통해 느끼는 감정을 구분하여 측정한 후, 이것이 브랜드 흥미 또는 상표 태도에 미치는 영향을 검증하였다. 광고에 대한 평가 요인은 성영신과 박은아가 언급한 '유발된 감정'과 유창조가 언급한 '광고에 대한 감정'과 같은 개념이다.

기술

광고 창조성의 평가에 초점을 맞추고 있는 광고 평가 요인은 15개 문항으로 구성된 7점 Likert 척도(① 전혀 그렇지 않다 …… ⑦ 매우 그렇다)다.

개발

광고에 대한 평가 요인은 성영신과 박은아(1995), 유창조(1999), 유창조와 권익현(1999), Edell과 Burke(1987)의 연구에서 광고에 대한 평가와 직접적인 관련이 있고 광고 효과에 직접적으로 영향을 미치고 있는 변인을 정리하였다.

표본

연구에 참여한 피험자는 광고원론을 수강하고 있는 217명의 학생(남자 145명, 여자 72명)이었다.

신뢰도와 타당도

항 목	독특함	유익함	산만함	명료함
독특함	.915			
새로움	.934			
시선을 끔	.874			
독창적	.865			
신선함	.784			
유익한 정보		.867		
많은 정보		.913		
중요한 정보		.639		
믿을 만한 정보		.626		
산만함			.820	
유치함			.829	
어색함			.806	
(조잡함)				
명료함				.798
평범함				.868
이해하기 쉬움				.783
(무난함)				
(자연스러움)				
아이겐 값	3.474	2.198	2.188	2.071
누적 설명변산	26.73%	43.63%	60.46%	76.39%

* ( )에 들어 있는 항목은 광고별 요인분석에서 각 요인에 포함되는 항목의 차이로 인하여 제외시켰음을 의미함.

18개 항목을 주성분 요인분석한 결과, 여덟 가지 소구 유형 중 여섯 개의 광고물은 거의 동일한 평가 요인의 구조를 보였으나 두 개의 광고물에서는 세 개의 문항이 다르게 분류되었다. 따라서 이들 세 개의 문항(조잡함, 무난함, 자연스러움)을 제외한 15개의 문항들에 대하여 주성분 요인분석을 하였다. 분석 결과 아이겐 값이 1보다 큰 요인은 네 개로 요약되었고, 이 네 개의 요인들이 전체 변량의 약 76% 정도를 설명하였다.

출처

유창조 (2000). 광고에 대한 평가 요인의 효과에 관한 연구. **광고학연구**, 11(1), 35-51.

참고문헌

성영신, 박은아 (1995). 광고에 대한 감정의 유형화: 유발된 감정과 느낀 감정. **광고학연구**, 6(2), 8-47.

유창조 (1999). 소비자의 감정적 반응에 관한 연구: 유형별 분석과 차원별 분석의 비교. **광고학연구**, 10(1), 155-182.

유창조, 권익현 (1999). 광고에 대한 감정과 광고를 통하여 느낀 감정에 대한 연구. **광고연구**, 42(봄), 7-30.

Edell, J. A., & Burke, M. C. (1987). The power of feelings in understanding advertising effects. *Journal of Consumer Research, 14*(Dec.), 421-433.

척도문항

1. 독특함
2. 새로움
3. 시선을 끎
4. 독창적
5. 신선함
6. 유익한 정보

7. 많은 정보
8. 중요한 정보
9. 믿을 만한 정보
10. 산만함
11. 유치함
12. 어색함
13. 명료함
14. 평범함
15. 이해하기 쉬움

15 실험 광고물 관여도 척도

구성개념

실험 광고물에 포함된 내용을 주의 깊게 고려한 정도를 측정하기 위해 고안되었다.

기술

네 개 문항으로 구성된 7점 Likert 척도(① 전혀 아니다 …… ⑦ 매우 그렇다)다.

개발

측정 문항은 정보원 사용과 관련된 정치 관여도 측정 척도와 광고 메시지에 대한 관여도 측정 척도에서 추출하였다.

표본

미국 서북부 주립대학에서 커뮤니케이션 과목을 수강하는 대학생 170명(남자 96명, 여자 74명)을 대상으로 하였다.

신뢰도와 타당도

내적 일치도 계수인 Cronbach의 $\alpha = .81$이다.

출처

윤각 (2000). 공격적 정치광고가 투표 의향과 정치 냉소주의 형성에 미치는 영향: 유권자의 정치 관여도와 정보원 공신력의 역할을 중심으로. 광고학연구, 11(2), 113-130.

참고문헌

해당 자료 없음.

척도문항

1. 실험 광고물의 문구에 주의를 기울였다.
2. 광고에 제시된 문구에 주의를 기울였다.
3. 광고 메시지를 주의 깊게 평가했다.
4. 광고에 포함된 정보가 의사결정을 내리는 데 있어서 관련이 있는 정보를 제공한다고 느꼈다.

16 유머 소구 광고의 심리적 경험 척도

구성개념

심리적 경험 내용이란 수용자가 광고에 접촉하는 동안에 주관적으로 경험하는 느낌과 기분을 의미한다. 감성적 소구 방법의 하나인 유머 광고도 이러한 심리적 경험 내용을 지닌다.

기술

16개의 항목으로 구성된 7점 척도다.

개발

서울, 부산, 대전, 광주, 대구 지역에 거주하는 만 20~59세의 주민 1,000명을 대상으로 일대일 개별 면접을 통해 심리적 경험 문항을 추출하였다. 그다음 대학생 393명을 대상으로 유머 소구 광고의 심리적 구성개념으로 코믹성, 따뜻함, 독특성, 황당성 등의 차원을 밝혀냈다.

표본

부산과 전주에 소재하는 대학의 학생 393명을 실험 대상으로 하였다. 성별 분포는 남자 145명(36.9%), 여자 248명(63.1%)이었으며, 평균연령은 21.8세였다.

신뢰도와 타당도

주성분 요인분석법을 사용하였으며, 최종 요인 구조를 얻기 위해 배리맥스 방식으로 회전하였다. 전체 척도의 신뢰도(Cronbach의 α)는 .89였고, 요인별 계수는 요인 1에서 요인 4까지 순서대로 각각 .93, .89, .92, .63으로 나타났다.

항 목	요인 1 (코믹성)	요인 2 (따뜻함)	요인 3 (독특성)	요인 4 (황당성)	h^2
코믹한	**.882**	.035	.259	.032	.847
우스운	**.873**	.043	.225	.042	.817
재미있는	**.760**	.319	.321	.097	.792
즐거운	**.759**	.343	.287	.085	.784
유쾌한	**.719**	.421	.242	.069	.758
따뜻한	.046	**.828**	.268	.191	.796
편안한	.211	**.817**	.299	.157	.826
친근한	.302	**.776**	.246	.160	.779
기분이 전환되는	.466	**.585**	.416	.132	.749
공감이 가는	.226	**.445**	.409	.316	.517
독특한	.336	.194	**.819**	.022	.822
신선한	.317	.322	**.787**	.055	.826
인상적인	.361	.382	**.712**	.075	.789
기억에 남는	.333	.364	**.703**	.113	.750
황당한	-.029	-.187	.018	**-.934**	.908
유치한	-.154	-.392	-.456	**-.558**	.696
고유치	4.10	3.50	3.42	1.43	
설명변량의 백분율	25.61	21.89	21.40	8.96	
누적 설명변량의 백분율	25.61	47.50	68.90	77.86	

출처

박희랑 (2001). 유머 형성 기제에 따른 유머 소구 광고의 심리적 경험 구조. 광고학연구, 12(4), 37-72.

참고문헌

해당 자료 없음.

척도문항

1. 재미없다 ___:___:___:___:___:___:___ 재미있다
2. 즐겁지 않다 ___:___:___:___:___:___:___ 즐겁다
3. 유쾌하지 않다 ___:___:___:___:___:___:___ 유쾌하다
4. 우습지 않다 ___:___:___:___:___:___:___ 우습다
5. 코믹하지 않다 ___:___:___:___:___:___:___ 코믹하다
6. 독특하지 않다 ___:___:___:___:___:___:___ 독특하다
7. 신선하지 않다 ___:___:___:___:___:___:___ 신선하다
8. 편안하지 않다 ___:___:___:___:___:___:___ 편안하다
9. 친근하지 않다 ___:___:___:___:___:___:___ 친근하다
10. 기분 전환이 안 된다 ___:___:___:___:___:___:___ 기분 전환이 된다
11. 공감이 가지 않는다 ___:___:___:___:___:___:___ 공감이 간다
12. 따뜻하지 않다 ___:___:___:___:___:___:___ 따뜻하다
13. 기억에 남지 않는다 ___:___:___:___:___:___:___ 기억에 남는다
14. 인상적이지 않다 ___:___:___:___:___:___:___ 인상적이다
15. 황당하다 ___:___:___:___:___:___:___ 황당하지 않다
16. 유치하다 ___:___:___:___:___:___:___ 유치하지 않다

17 유머광고 지각 척도

구성개념

유머 소구 광고란 '수용자가 유머러스하다고 지각하는 상황의 연출이나 모델의 표정 그리고 카피나 만화, 삽화나 사진 등의 자극 형태를 사용한 광고'를 말한다. 유머란 '정신적 자극으로 마음을 즐겁게 하거나 웃음이라는 반사 행동을 일으키는 의사소통의 한 형태'로, 수용자가 유머러스하다고 지각하는 반응을 통해서 이루어진다.

기술

세 개 문항으로 구성된 7점 의미변별 척도다.

개발

Chattopadhyay와 Basu(1990), Duncan과 Nelson(1985)의 연구를 바탕으로 구성하였다.

표본

144명의 피험자를 대상으로 실험하였으며, 이 중 남자는 79명, 여자는 65명이었다.

신뢰도와 타당도

내적 일치도 계수인 Cronbach의 $\alpha = .89$다.

출처

구승회 (2000). 유머 · 비유머 광고의 효과에 관한 연구: 수용자의 브랜드 호감도 차이의 영향을 중심으로. **광고학연구**, 11(4), 23-50.

참고문헌

Chattopadhyay, A., & Basu, K. (1990). Humor in advertising: The moderating role of prior brand evaluation. *Journal of Marketing Research, 26*(4), 466-476.

Duncan, C. P., & Nelson, J. E. (1985). Effects of humor in a radio advertising experiment. *Journal of Advertising, 14*(2), 33-40.

척도문항

1. 재미있다 ——— 재미없다
2. 재치가 있다 ——— 재치가 없다
3. 유머스럽다 ——— 유머스럽지 않다

18 유명 옹호인과 광고 제품의 조화도 척도

구성개념

남인용(2001)은 조화도(degree of match-up)를 유명 옹호인(celebrity endorser)의 이미지와 제품의 이미지가 조화를 이루는 정도로 개념화하였다.

기술

두 개 문항의 적절성 척도와 세 개 문항의 적합성 척도로 총 다섯 개 문항으로 구성된 7점 의미변별 척도다.

개발

Till과 Busler(2000)가 구성한 유명 옹호인의 광고 상품에의 적절성(appropriateness)과 유명 옹호인과 광고 상품의 적합성(fit)을 통합하여 문항을 구성하였다.

표본

193명의 여고생을 조화도의 고저 집단에 무선 배치하여 실험을 실시하였다.

신뢰도와 타당도

내적 일치도 계수인 Cronbach의 $\alpha = .97$이다.

출처

남인용 (2001). 유명 옹호인과 광고 상품의 조화도가 광고 효과에 미치는 영향에 관한 연구. **광고연구**, 53, 109-133.

참고문헌

Till, B. D., & Busler, M. (2000). The match-up hypothesis: Physical attractiveness, expertise, and the role of fit and brand attitude, purchase intend and brand beliefs. *Journal of Advertising* , *29*(3), 1-13.

척도문항

적절성 척도

1. 적절한 ——— 부적절한
2. 효과적인 ——— 비효과적인

적합성 척도

3. 조화로운 ——— 조화롭지 않은
4. 어울리는 ——— 어울리지 않는
5. 적합한 ——— 부적합한

19 글로벌 광고에 대한 정서 반응 척도

구성개념

하나 이상의 국가에서 사용되었거나 사용 예정인 광고에서 유도되는 광고의 정서적 반응에 대하여, Hoffman(1986)은 광고의 육체적·감각적 측면에 대한 직접적인 감정 반응, 광고의 의미에 대한 감정 반응, 혹은 두 가지 모두를 포함하는 반응으로 분류하였다. 이것은 소비자들이 동일한 광고물에 대한 광고의 의미를 제각기 다르게 해석함으로써 폭넓은 반응을 얻을 수 있다는 것을 시사한다.

기술

여섯 개의 문항으로 구성된 5점 Likert 척도(① 전혀 동의하지 않는다 …… ⑤ 매우 동의한다)다. 총 여섯 개의 광고물에 대해 각각 약 90초간 본 다음 응답하였다.

개발

Huang(1998)이 사용한 척도를 번안하여 사용하였다.

표본

연구에 참여한 피험자는 한국 대학생 68명, 프랑스 대학생 61명을 대상으로 하였다.

신뢰도와 타당도

해당 자료 없음.

출처

리대룡, 강미선 (2000). 정서적 광고 소구에 대한 한국과 프랑스 소비자의 반응 비교. **광고학연구**, 11(1), 179-200.

참고문헌

Hoffman, M. L. (1986). Affect, cognition and motivation. In R. M. Sorrentino & E. T. Higgins (Eds.), *Handbook of motivation and cognition* (pp. 213-231). New York: Guilford Press.

Huang, M. H. (1998). Exploring a new typology of advertising appeals: Basic versus social, emotional advertising in a global setting. *International Journal of Advertising, 17*(2), 145-168.

척도문항

1. 행복한
2. 유머러스한
3. 사랑하는
4. 따뜻한
5. 슬픈
6. 놀란

20 정보원 공신력 척도

구성개념

Ohanian(1990)은 정보원 공신력을 수신자의 메시지에 대한 수용에 영향을 주는 메시지 전달자의 긍정적 특성으로 기술하고 있다. 즉, 같은 메시지라도 전달자의 공신력에 따라 메시지의 효과가 달라진다는 것이다. 정보원 공신력의 구성요소에 대해서는 수많은 연구에서 다양한 결과를 발표한 바 있지만, 각종 문헌을 종합해 보면 정보원 공신력의 주된 공통 요소로는 전문성(expertise)과 신뢰성(trustworthiness)으로 압축된다.

기술

열 개 문항으로 구성된 7점 의미변별 척도다.

개발

Ohanian(1990)이 개발한 전문성, 신뢰성, 매력성의 세 가지 요인 중 전문성, 신뢰성 요인만 사용하였다.

표본

미국 서북부 주립대학에서 커뮤니케이션 과목을 수강하는 대학생 170명(남자 96명, 여자 74명)을 대상으로 실시하였다.

신뢰도와 타당도

내적 일치도 계수인 Cronbach의 $\alpha = .83$이다.

출처

윤각 (2000). 공격적 정치광고가 투표 의향과 정치 냉소주의 형성에 미치는 영향: 유권자의 정치 관여도와 정보원 공신력의 역할을 중심으로. 광고학연구, 11(2), 113-130.

참고문헌

Ohanian, R. (1990). Construction and validation of a scale to measure celebrity endorses perceived expertise, trustworthiness, and attractiveness. *Journal of Advertising, 19*, 39-52.

척도문항

전문성

1. 비전문적인 ——— 전문적인
2. 경험이 없는 ——— 경험이 있는
3. 지식이 없는 ——— 지식이 있는
4. 자격이 없는 ——— 자격이 있는
5. 비숙련된 ——— 숙련된

신뢰성

6. 믿을 수 없는 ——— 믿을 수 있는
7. 정직하지 않은 ——— 정직한
8. 신뢰할 수 없는 ——— 신뢰할 수 있는
9. 진실하지 않은 ——— 진실한
10. 신용할 수 없는 ——— 신용할 수 있는

21 크리에이티브 요소 평가 척도

구성개념

문달주, 전성률, 김태원(2004)은 광고 크리에이티브 요소를 크리에이티브 콘셉트를 구현하기 위해 사용되는 전술로 보았다. 그리고 광고 효과에 영향을 미치는 광고의 주 크리에이티브 요소에 대해 광고 메시지, 광고 모델 및 크리에이티브 구성 요소로 한정하고, 이들을 각각 메시지 파워, 모델 파워 및 크리에이티브 파워로 명명하였다. 먼저 메시지 평가 요인은 메시지 이해성(메시지 적절성, 현실성, 이해성으로 구성됨), 메시지 설득성(메시지 공감성과 설득성으로 구성됨), 메시지 독특성(메시지 관심 유발과 독특성으로 구성됨)의 구성 요소로 정의하였다. 모델 평가 요인은 모델 신뢰성(모델의 제품 지식, 진실성, 전문성, 정직성, 신뢰성으로 구성됨), 모델 매력성(모델 호감도와 매력도로 구성됨), 모델 적합성(모델과 제품과의 적합성 및 브랜드 이미지와의 적합성으로 구성됨)의 구성 요소로 정의하였다. 마지막으로 크리에이티브 구성의 평가 요인은 크리에이티브 독창성(크리에이티브 창조성, 참신성, 독창성으로 구성됨), 크리에이티브 정교성(크리에이티브 세련성, 견고성, 정교성으로 구성됨)으로 분류하여 정의하였다.

기술

22개 문항으로 구성된 7점 Likert 척도다.

개발

광고 전문가 집단과의 면접과 문헌 연구(김정현, 2003)를 통해 가장 중요하다고 판단되는 요소를 선정하고 측정 문항을 구성하였다.

표본

서울에 거주하는 13~34세의 시민을 모집단으로 하였으며, 남녀 각각 75명씩 총 150명을 대상으로 하였다.

신뢰도와 타당도

요인분석 결과 각 요인의 측정 문항들 각각이 해당 요인에 부하되었다. 세 개 요인의 측정 문항들의 내적 일치도(α)는 .96이다.

출처

문달주, 전성률, 김태원 (2004). 크리에이티브 요소를 통한 계층적 광고 효과 모델에 관한 실증 연구. 광고연구, 64, 109-137.

참고문헌

김정현 (2003). 광고 표현 요소의 커뮤니케이션 효과에 대한 연구. 광고학연구, 8(1), 129-153.

척도문항

〈요인 1: 메시지 평가〉

메시지 이해성

1. 메시지 적절성: 광고의 메시지는 말이 된다.
2. 메시지 현실성: 광고의 메시지는 현실적이다.
3. 메시지 이해성: 광고의 메시지가 쉽게 이해된다.

메시지 설득성

4. 메시지 공감성: 광고의 메시지에 공감이 간다.

5. 메시지 설득성: 광고의 메시지는 설득력이 있다.

메시지 독특성

6. 메시지 관심 유발: 광고의 메시지는 관심을 불러일으킨다.
7. 메시지 독특성: 광고의 메시지는 독특하다.

〈요인 2: 모델 평가〉

모델 신뢰성

8. 모델의 제품 지식: 모델이 광고 제품에 대해서 잘 안다.
9. 모델의 진실성: 모델이 진실하다.
10. 모델의 전문성: 모델이 광고 제품에 관해서 전문가다.
11. 모델의 정직성: 모델이 정직하다.
12. 모델의 신뢰성: 모델이 신뢰가 간다.

모델 매력성

13. 모델 호감도: 모델을 좋아한다.
14. 모델 매력도: 모델이 매력적이다.

모델 적합성

15. 모델과 제품 간의 적합성: 광고 모델과 광고 제품이 서로 잘 어울린다.
16. 모델과 브랜드 이미지 간의 적합성: 광고 모델과 브랜드 이미지가 잘 어울린다.

〈요인 3: 크리에이티브 구성의 평가〉

크리에이티브 독창성

17. 크리에이티브 창조성: 광고의 구성과 표현 방법이 기발하다.
18. 크리에이티브 참신성: 광고의 구성과 표현 방법이 참신하다.
19. 크리에이티브 독창성: 광고의 구성과 표현 방법이 독창적이다.

크리에이티브 정교성

20. 크리에이티브 세련성: 광고의 구성과 표현 방법이 세련되었다.
21. 크리에이티브 견고성: 광고의 구성과 표현 방법이 매우 탄탄하다.
22. 크리에이티브 정교성: 광고의 구성과 표현 방법이 매우 정교하다.

22 간접광고 효과 척도

구성개념

제품 배치(product placement: PPL) 또는 브랜드 배치(bland placement)의 개념으로 주로 사용되는 간접광고는 광고주가 현금이나 물품 또는 서비스를 제공함으로써 TV 프로그램에 특정 회사, 제품, 영업 장소, 로고 등을 직 · 간접적으로 사용하거나 노출시켜 마케팅 커뮤니케이션 목표를 달성하고자 하는 모든 활동으로 정의된다(박재진, 2006).

기술

일곱 개의 요인으로 묶여 총 24문항으로 구성된 7점 척도(① 전혀 아니다 …… ⑦ 매우 그렇다)다.

개발

간접광고 제품에 대한 태도 및 구매 의도에 영향을 미치는 신념 변수를 추출하기 위해 포커스 그룹 인터뷰와 문헌 연구를 병행하였다. 포커스 그룹 인터뷰에는 총 27명(남자 12명, 여자 15명)의 대학생들이 참여하였다. 인터뷰에서 간접광고에 등장하는 기업, 제품 또는 서비스에 대한 태도나 구매 의도에 영향을 미칠 수 있는 특성 또는 속성으로 자주 언급되는 상황들은 기존 연구에서 추출된 항목들과 더불어 최종 설문 문항을 작성하는 데 사용되었다. 이 같은 과정을 거쳐 최초 70개의 문항이 작성되었다.

다음 단계로 광고나 홍보를 전공하는 석사 혹은 박사 과정에 있는 일곱 명을 대상으로 이들 문항에 대한 적합도 검증 및 수정 · 보완 작업을 하였다. 그 결과, 다수의 문항이 부분 수정되고 일곱 개 문항이 삭제되며 두 개 문항이 추가되어 최종적으로 65개의 문항이 신념 변수로 최종 설문에 사용되었다. 그리고 이 65개 문항의 신념 변수들에 대한 구성 요인을 탐색하기 위해 대학생 414명(여자 239명, 남자 175명)을 대상으로 반응을 얻었다. 먼저 탐색적 요인분석(주축요인 추출과 배리맥스 회전) 결과로 고유치(1.0 이상)와 스크리 도표를 이용하여 일곱 개의 요인을 최종적으로 추출하였다. 이를 바탕으로 연구 모델을 도출하고 확인적 요인분석을 하여 최종 수정 모델이 연구 모델로 채택되었다.

표본

포커스 그룹 인터뷰에는 총 27명(남자 12명, 여자 15명)의 대학생들이 참여하였고 최초 70개의 문항이 작성되었다. 다음으로 광고나 홍보를 전공하는 석사 혹은 박사 과정에 있는 일곱 명을 대상으로 하여 이들 문항에 대한 적합도 검증 및 수정 · 보완 작업을 거쳐 65개의 문항이 신념 변수로 최종 설문에 사용되었다. 이 65개 문항의 신념 변수들에 대한 구성 요인을 탐색하기 위해 대학생 414명(여자 239명, 남자 175명)을 대상으로 반응을 얻었다.

신뢰도와 타당도

탐색적 요인분석 결과 최종적으로 추출된 일곱 개의 요인은 연예인 관여도(설명변량 8.88%, 고유값 5.78, α=.872), 윤리성(설명변량 5.78%, 고유값 3.76, α=.765), 노골적 묘사(설명변량 5.27%, 고유값 3.42, α=.836), 협찬사 신뢰성(설명변량 4.27%, 고유값 2.78, α=.912), 브랜드 차별(설명변량 3.20%, 고유값 2.08, α=.750), 소비 조장(설명변량 3.08%, 고유값 2.01, α=.824), 정보 제공(설명변량 3.01%, 고유값 1.96, α=.729)이다. 또한 이를 근거로 구성한 연구 모델의 적합도 검증을 위해 1, 2차 확인 요인분석을 한 결과 수렴 타당성과 변별 타당성의 존립이 입증되었다.

출처

박재진 (2006). 간접광고의 효과에 영향을 미치는 요인에 관한 연구–구매 의도를 중심으로. 광고연구, 71, 153-175.

참고문헌

해당 자료 없음.

척도문항

요인 1: 연예인 관여도

1. 내가 좋아하는 연예인이 TV 프로그램에서 사용한 제품이나 같은 브랜드의 제품을 실제로 내가 사용함으로써 그 배우와의 일체감을 느낀다.
2. 나는 내가 좋아하는 연예인이 나오는 프로그램을 시청할 때 그 연예인이 사용하는 제품이나 브랜드에 대해 관심을 가진다.
3. TV 프로그램에서 내가 좋아하는 연예인이 사용하는 제품이나 브랜드가 나오면 더욱 신뢰감이 생긴다.
4. TV 프로그램에 노출되는 제품이나 브랜드에 대한 출연 배우들의 반응에 민감한 편이다.
5. 내가 좋아하는 연예인이 TV 프로그램에서 하는 것을 따라 하고 싶은 충동을 느낀다.
6. 내가 좋아하는 연예인이 좋아하는 것은 나도 좋아한다.

요인 2: 윤리성

7. TV 프로그램에 특정 제품이나 브랜드가 노출되는 것은 금지되어야 한다.
8. TV 프로그램에서 특정 회사의 제품이나 브랜드를 노출시킴으로써 시청자에게 영향을 미치는 것은 비윤리적이다.
9. 상업적인 목적으로 TV 프로그램에 특정 제품이나 브랜드를 노출시키는 것을 싫어한다.

요인 3: 노골적 묘사

10. TV 프로그램에서 특정 제품이나 브랜드를 노골적으로 묘사하는 경우 불쾌해진다.
11. TV 프로그램에서 특정 제품이나 브랜드를 노출시키는 경우, 판매 신장이나 (영화) 홍보 같은 상업적 의도성이 짙게 보이면 불쾌감을 느낀다.
12. TV 프로그램에서 특정 제품이나 브랜드를 노골적으로 묘사하는 것은 프로그램 시청에 대한 흐름을 방해한다.

요인 4: 협찬사 신뢰성

13. 간접광고를 협찬하는 기업은 신뢰할 만하다.
14. 간접광고를 협찬하는 기업은 정직해 보인다.
15. 간접광고를 협찬하는 기업은 믿을 만하다.

요인 5: 브랜드 차별

16. TV 프로그램에 등장하는 제품이나 브랜드가 고가일수록 간접광고 노출에 대해 불쾌감이 덜하다.
17. TV 프로그램에 등장하는 제품이나 브랜드가 국산이기보다는 수입품일수록 거부감이 덜하다.
18. TV 프로그램에 등장하는 제품이나 브랜드의 인지도가 높을수록 거부감이 덜하다.

요인 6: 소비 조장

19. TV 프로그램에서 특정 제품이나 브랜드를 노출시키는 것은 불필요한 소비를 조장한다.
20. TV 프로그램에서 특정 제품이나 브랜드를 노출시키는 것은 과소비를 조장한다.
21. TV 프로그램에서 특정 제품이나 브랜드를 노출시키는 것은 이성적 판단이 어려운 어린이나 청소년들에게 무분별한 소비를 조장한다.

요인 7: 정보 제공

22. TV 프로그램에서 특정 제품이나 브랜드가 사용되는 경우, 그에 대한 구체적인 정보를 얻을 수 있어서 좋다.
23. TV 프로그램에서 특정 제품이나 브랜드가 사용되는 것은 실제 내가 그 제품을 사용할 때 어떨지에 대한 좋은 본보기가 된다.
24. 간접광고는 제품이나 브랜드의 사용 용도 및 방법을 알려 준다.

23 TV 광고의 지각 척도(Schlinger의 VRP 측정)

구성개념

제품 전달을 위한 크리에이티브로서 완성된 광고에 주목하는 과정 및 결과로 소비자가 광고 자체에 대해 가지게 되는 의견이나 느낌이 '광고 인식' 혹은 '광고 지각'이다(정철근, 최인혁, 2007). 광고 지각 내용은 광고에 대한 제품 태도나 제품 구입 의사와 같은 광고 효과와 직·간접적으로 연결될 수 있다는 연구 결과들이 적지 않다. 실무적으로는 광고 지각 내용을 파악하는 것이 광고 집행 전의 사전조사 상황에서 광고 효과를 예측하거나 광고안의 선별 내지 개선을 위해 매우 중요하며, 광고 집행 후에 실시하는 광고 효과 조사를 통한 원인 진단과 차기 광고의 전략적 방향 제시를 위한 필요성이 크다.

정철근과 최인혁(2007)은 광고 지각을 측정하기 위해 Schlinger의 VRP(Viewer Response Profile, 1979)를 이용하여, 국내 TV 광고에 대한 지각에서 Schlinger의 연구와 같은 차원들이 재현될 수 있는지와 그 지각 차원과 광고 효과 변수 간의 관련성에 대해 알아보았다. 이때 광고 반응 프로파일은 광고에 대한 반응, 즉 광고 지각이나 인식을 다항목으로 측정하는 척도를 말한다. '광고 태도에 대한 감정적·인지적 선행 조건'에 관한 연구들은 광고 지각에 대한 개념 및 구성개념 간에 인과적 관계 모델을 제시하고 있다(Lutz, MacKenzie, & Belch, 1983; MacKenzie, Lutz, & Belch, 1986; MacKenzie & Lutz, 1989). 광고 프로파일에 의한 측정은 광고에 대한 시청자의 즉각적이며 직접적인 지각 반응을 측정하는 것으로, 광고 노출과 제품에 대한 태도 형성 사이에서 중요한 매개변수 역할을 하게 된다. 또한 광고에 대한 호의적인 느낌은 제품에 대한 호의적인 느낌으로 전이된다는 연구 결과도 보고되고 있다(Zinkhan & Burton, 1989).

기술

32개의 문항으로 구성된 5점 척도(① 전혀 그렇지 않다 …… ⑤ 정말 그렇다)다.

개발

완성 직전의 TV 광고안들에 대해 Schlinger가 제안한 광고 반응 프로파일의 진술문 32개 항목에 대한 반응을 탐색적 요인분석하여 광고 지각 차원을 도출하고, 이들 요인의 광고 효과에 대한 영향을 확인하기 위해 회귀분석을 실시하였다.

표본

정철근과 최인혁은 2000～2006년에 조사된 150개 광고에 대해 서울과 인근 도시에 거주하는 25～44세의 주부들 11,013명(20대 2,939명, 30대 5,035명, 40대 3,039명)을 대상으로 조사한 자료를 바탕으로 연구 · 분석하였다.

신뢰도와 타당도

32개 광고 지각 항목에 대해 고유값 1 이상의 요인을 추출한 결과 전체 샘플과 반분 샘플 모두에서 일곱 개의 요인이 동일하게 추출되었으며, 총 누적 설명분산도가 56.94%, 56.90%, 57.11%로 거의 차이가 없었다. 요인 1은 재미 자극성(설명변량 12.44%, α=.838), 요인 2는 공감성(설명변량 9.04%, α=.843), 요인 3은 정보성(설명변량 8.91%, α=.740), 요인 4는 불명확성(설명변량 8.38%, α=.724), 요인 5는 비현실성(설명변량 7.68%, α=739), 요인 6은 독특성(설명변량 6.12%, α=.732), 마지막으로 요인 7은 브랜드 강화성(설명변량 4.37%, α=.576)이다.

출처

정철근, 최인혁 (2007). TV 광고의 지각 차원과 효과: Schlinger's VRP 측정. 한국심리학회지: 소비자 · 광고, 8(1), 57-79.

참고문헌

Lutz, R. J., MacKenzie, S. B., & Belch, G. E. (1983). Attitude toward the ad as mediator of advertising effectiveness: Determinants and consequences. *Advances in Consumer Research, 10*, 532-539.

MacKenzie, S. B., & Lutz, R. J. (1989). An empirical examination of the structural antecedents of attitude toward the ad in an advertising pretesting context. *Journal of Marketing, 53*(2), 48-65.

MacKenzie, S. B., Lutz, R. J., & Belch, G. E. (1986). The role of attitude toward the ad as mediator of advertising effectiveness: A test of competing explanations. *Journal of Marketing Research, 23*(2), 130-143.

Schlinger, M. J. (1979). A profile of responses to commercials. *Journal of Advertising Research, 19*(2), 37-46.

Zinkhan, G. M., & Burton, S. (1989). An examination of three multidimensional profiles for assessing consumer reactions to advertisements. *Journal of Advertising, 18*(4), 6-14.

척도문항

요인 1: 재미 자극성(entertainment)

1. 제품 광고라는 측면을 넘어서 재미있다.
2. 광고를 보고 듣는 것이 재미있다.
3. 광고가 재미있어서 웃음(미소)이 나온다.
4. 재치 있는 내용이다.
5. 광고를 본 후에도 마음에 남는다.
6. 광고에 대해 주목하게 한다.
7. 광고가 친근해서 좋다.
8. 광고 모델(인물)이 주의를 끈다.

요인 2: 공감성(empathy)

9. 광고 상황이 나의 상황과 같다.
10. 내가 가끔 느끼는 것을 표현하고 있다.

11. 내가 원하는 바를 표현하고 있다.
12. 실제 생활에서 내가 느끼는 것과 일치한다.

요인 3: 정보성(relevant news)
13. 내가 몰랐던 새로운 사실을 알려 준다.
14. 더 좋은 제품이 있다는 생각이 나게 한다.
15. 제품의 구매 욕구를 자극한다.
16. 내게 유용한 제품이라는 생각이 들게 한다.
17. 제품에 대해 새로운 아이디어를 떠올리게 한다.

요인 4: 불명확성(confusion)
18. 복잡해서 뭐가 뭔지 모르겠다.
19. 광고를 이해하는 게 쉽지 않다.
20. 화면 진행이 너무 빨라서 말을 알아듣기가 어렵다.
21. 눈으로 보면서 동시에 귀로 듣기가 쉽지 않다.
22. 제품에 대해 무엇을 주장하는지 알 수 없다.

요인 5: 비현실성(alienation)
23. 사실과 동떨어진 비현실적인 광고다.
24. 과장된 광고다.
25. 짜증나고 화나게 만드는 광고다.
26. 나와는 상관없는 광고다.
27. 광고 제품이 필요하다고 느껴지지 않는다.

요인 6: 독특성(unique)
28. 이전에 흔히 본 광고 스타일이다.
29. 흔히 보는 타입의 광고라 싫증 난다.
30. 이전에 본 적 없는 독특한 스타일의 광고다.

요인 7: 브랜드 강화성(reinforcement)
31. 이 광고와 상관없이 신뢰할 수 있는 제품이다.
32. 다른 사람에게 추천할 수 있을 만큼 좋은 제품이다.

24 광고 회의주의 척도

구성개념

광고 회의주의(ad skepticism)는 비교적 단순한 개념으로서 '광고의 주장에 대한 불신 경향'을 뜻한다. Obemiller와 Spangenberg(1998)는 광고 회의주의를 "다양한 시장 작동 원리에 대한 소비자의 암묵적 이론을 구성하는 일반 신념의 하나로서 광고에 대한 비교적 안정적이고 일반적인 신념"이라고 보았다(김완석, 김현임, 2000).

기술

16개 문항으로 구성된 5점 척도(정말 그렇다 …… 전혀 아니다)다.

개발

Obemiller와 Spangenberg(1998)가 연구에 사용했던 문항 전집을 입수하여 번안하고, 일부 우리 문화에 부적절한 것으로 판단된 문항들은 삭제하거나 수정하여 30개의 문항으로 예비 연구를 하였다. 문항분석에서 문항-총점 상관계수가 .40 이하인 문항을 제외하고 18개의 문항이 도출되었다. 18개의 문항으로 실시된 이 연구의 자료를 요인분석(주성분분석과 배리맥스 회전)하여 요인부하량이 .40인 두 문항을 제외하였으며, 요인 수 결정을 위한 여러 준거에 근거하여 요인 수를 두 개로 확정하였다. 이들 두 요인은 전체 변량의 37.2%를 설명하였다. 제1요인에는 아홉 개의 문항이 포함되고 '광고 회의주의'로 명명되었으며,

제2요인에는 일곱 개의 문항이 포함되고 '광고 비유용성'으로 명명되었다.

표본

예비 연구에는 대학생 271명(남자 188명, 여자 83명; 평균연령 23.1세)이 참가하였고, 본연구에는 총 617명(중학생 145명, 고등학생 185명, 대학생 161명, 일반인 126; 남자 264명, 여자 353명; 평균연령 22.1세)이 참가하였다.

신뢰도와 타당도

척도의 신뢰도는 단일 요인으로 간주할 경우 내적 일치도 계수가 .84로 만족할 만한 수준이었고, 두 요인으로 간주할 경우 '광고 회의주의' 요인은 .82, 광고 비유용성' 요인은 .68이었다. 전체적으로 볼 때, 본 연구에서 제안한 문항의 광고 회의주의 척도는 심리 측정학적 측면에서 후속 연구에 사용할 만한 특성을 지녔으며, 또한 영문판과 함께 사용해서 서로 다른 언어권 소비자들의 광고 회의주의 수준을 동시에 비교할 수 있는 것으로 나타났다.

출처

김완석, 김현임 (2000). 광고 회의주의: 한국판 척도개발 연구. 한국심리학회지: 소비자 · 광고, 1(2), 121-135.

참고문헌

Obemiller, C., & Spangenberg, E. R. (1998). Development of scale to measure consumer skepticism toward advertising. *Journal of Consumer Psychology,* 7(2), 159-186.

척도문항

척도명	문 항
광고 회의주의	1. 대부분의 광고에서 사실적인 정보를 얻어 낼 수 있다. (-) 2. 광고는 대체로 상품에 관해 사실을 전달한다. (-) 3. 전체적으로 볼 때, 광고는 믿을 만하다. (-) 4. 대부분의 광고를 보고 나면 상품에 대해 정확하게 알게 되었다고 느낀다. (-) 5. 대부분의 광고는 소비자에게 꼭 필요한 정보를 제공해 준다. (-) 6. 광고는 상품에 관해 쓸모 있는 정보를 제공한다고 생각한다. (-) 7. 대부분의 광고는 소비자에게 꼭 필요한 정보를 제공해 준다. (-) 8. 광고는 상품에 관해 쓸모 있는 정보를 제공한다고 생각한다. (-) 9. 우리는 대부분의 광고에서 상품에 관한 사실을 얻을 수 있다. (-)
광고 비유용성	10. 광고는 꼭 필요한 것이다. (-) 11. 광고는 어떤 상품이나 서비스가 있는지에 관해 배울 수 있는 좋은 수단이다. (-) 12. 광고는 신상품에 대해 알 수 있는 중요한 정보 원천이다. (-) 13. 광고가 없으면 우리 사회는 지금보다 더 나아질 것이라고 생각한다. 14. 나는 광고를 통해 유용한 정보를 얻는 경우가 거의 없다. 15. 광고는 어떤 상품(상표)의 선택에 필요한 시간을 줄여 줄 수 있다. (-) 16. 나는 광고 내용을 대체로 무시하는 편이다.

* 역항목에 대한 채점은 음수(-)로 처리함.

25 인쇄 광고 창의성 평가 척도

구성개념

김병희와 한상필의 연구(2006)에서는 광고 창의성의 개념에 대한 연상 과정의 관점을 바탕으로 다음과 같이 광고 창의성의 개념을 구체화하였다.

- 이론적 정의: 광고 창의성의 이론적 정의는 상품 구매욕의 유발을 위해 기존 사물을 새로운 의미로 해석하여 소비자 혜택으로 제시하는 독창적인 표현 능력이다(김병희, 2002a, 2002b; White & Smith, 2001).
- 조작적 정의: 2000~2004년에 게재된 한국의 신문광고 중 White와 Smith(2001)의 두 개 항목의 7점 척도로 측정한 점수다. 사전조사 결과 나타난 평균값을 기준으로 상위 삼분위수(33.33%)에 해당하는 광고를 매우 창의적인(high creativity) 광고로, 중간 삼분위수(66.66%)에 해당하는 광고를 보통 수준의(medium creativity) 광고로, 그리고 하위 삼분위수(99.99%)에 해당하는 광고를 별로 창의적이지 않은(low creativity) 광고로 조작하였다.

기술

15개 항목으로 구성된 7점 Likert 척도다.

개발

문헌조사, 추가로 전문 광고인 19명에 대한 심층면접 결과, 소비자와 광고주가 생각하는 자유연상 목록기법(free-thought listing technique), 심층면접 방법 등을 통해 최초로 168개의 항목들을 추출하였다. 그리고 전문가의 자문을 거쳐 중복된 항목을 제외시킨 뒤 역항목-순항목의 배열 관계를 검토하는 과정을 거쳐 103개 항목을 확정하였다. 이 103개의 항목 표본을 바탕으로 광고주 및 광고 회사의 광고 관련 임직원과 소비자(대학생 포함) 232명을 대상으로 '창의적인 광고를 보면 어떠한 느낌이 드는가?'에 대한 설문조사를 실시하였다. 또한 항목 내용을 보다 정확하게 표현하기 위해 국어학 전공 교수 1인의 감수 과정을 거치는 가운데 일부 항목들은 표현이 수정되었다. 탐색적 요인분석을 실시한 결과, 광고 창의성은 아홉 개 요인으로 구성되었으며 항목 수도 41개로 축소되었다. 또한 108개 광고물의 창의성 수준을 평가하여 매우 창의적인(HC) 광고 일곱 개, 보통 수준의(MC) 광고 일곱 개, 마지막으로 별로 창의적이지 않은(LC) 광고 일곱 개를 결정하여 2차 조사의 연구 도구로 활용하였다. 이후 크리에이티브 전공 교수 및 척도 개발 경험이 있는 마케팅 전공 교수 등 전문가의 자문을 받은 결과 제품과 관련되는 항목 및 광고 보는 즐거움의 항목이 부족하다고 지적되어, 상관성 관련 두 개 항목과 즐거움 관련 한 개 항목을 추가하여 모두 44개 항목을 결정하였다. 이러한 과정 끝에 마침내 신뢰도와 다섯 가지 타당도(내용, 수렴, 변별, 공인, 예측)를 검증하고 표현의 통일성을 고려하는 동시에 길이 조정 과정 등을 거쳐 최종 15개 항목을 확정하였다.

표본

심층면접과 자유연상 목록기법에 의해 초기에 개발된 103개의 항목을 바탕으로 광고주 및 광고 회사의 광고 관련 임직원과 소비자(대학생 포함) 232명(남자 111명, 여자 121명)을 대상으로 '창의적인 광고물을 보면 어떠한 느낌이 드는가?'라는 질문으로 전반적인 광고 창의성에 대한 인식을 알아보았다. 그리고 최종 확정된 44개 항목에 대해 광고주 111명(24.6%), 광고 회사 임직원 148명(32.8%), 소비자 192명(42.6%)의 총 451명을 대상으로 2차 조사를 실시하였다. 또한 108개의 광고물 평가 조사에 참여한 응답자는 광고주 33명(29.2%), 광고 회사 임직원 41

명(36.3%), 소비자 39명(34.5%)의 총 113명(남자 55명, 여자 58명)이었다.

신뢰도와 타당도

최종적으로 추출된 15개 항목의 내적 일치도를 분석한 결과 α=.9116으로 나타났다. 최종 요인분석 결과, 디자인 지각은 세 개 요인의 13개 항목으로 구성되었으며 전체 변량의 77.03%를 설명하였다.

여기서 요인 1은 독창성(고유값 3.359, 설명변량 22.395%, α=.9125), 요인 2는 적합성(고유값 3.080, 설명변량 20.531%, α=.9225), 요인 3은 명료성(고유값 2.970, 설명변량 19.801%, α=.8814), 요인 4는 상관성(고유값 2.146, 설명변량 14.305%, α=.7660)으로 각각 묶였으며, 내용타당도, 구인타당도, 공인타당도 및 예측타당도를 확인하였다. 내용타당도는 광고 전문가 3인이 15개 문항 각각에 대한 타당성을 평가하여 CVI=.80 이상이 나왔으므로 비교적 높게 나타난 것으로 평가할 수 있다. 구인타당도의 검증에서는 상관계수 .05 이상에서 수렴타당도가 검증됨으로써 광고 창의성 측정 척도로서 상당한 대표성을 지니는 것으로 해석할 수 있다. 또한 변별타당도 검증에서도 매우 유의한 결과가 나타났으며, 선행 연구에서 제시된 척도들과 이 광고 창의성 척도 간의 상관관계의 비교에서 높은 공인타당도를 확인할 수 있었다.

출처

김병희, 한상필 (2006). 광고 창의성 측정을 위한 척도 개발과 타당성 검증. **광고학연구**, 17(2), 7-41.

참고문헌

김병희 (2002a). 광고 창의성에 관한 현상학적 연구. **광고연구**, 55, 183-207.

김병희 (2002b). 광고 창의성의 개념 분석. **광고학연구**, 13(4), 47-69.

White, A., & Smith, B. L. (2001). Assessing advertising creativity using the creative product semantic scale. *Journal of Advertising Research, 41*(6), 27-34.

척도문항

요인 1: 독창성

1. 뜻밖이다
2. 혁신적이다
3. 개성적이다
4. 독특하다

요인 2: 적합성

5. 표현이 제품과 조화롭다.
6. 부적절하다*
7. 만족스럽다
8. 못 만들었다*

요인 3: 명료성

9. 이해하기 쉽다.
10. 분명하다
11. 간결하다
12. 내용을 즉각 알았다.

요인 4: 상관성

13. 구체적인 정보가 있다.
14. 제품의 혜택이 있다.
15. 제품의 특성을 알았다.

* *표는 역채점 항목임.

26 TV 광고 창의성 평가 척도

구성개념

김병희(2007)의 연구에서는 TV 광고 창의성의 개념에 대한 연상 과정의 관점을 바탕으로 다음과 같이 TV 광고 창의성의 개념을 구체화하였다.

- 개념적 정의: TV 광고의 창의성이란 상품 구매욕의 유발을 위해 기존 사물을 새로운 의미로 해석하여 소비자 혜택으로 제시하는 독창적인 표현 능력이다(김병희, 2002a, 2002b, 2006; 김병희, 한상필, 2006; White & Smith, 2001).
- 조작적 정의: 2005~2006년에 집행된 한국의 TV 광고 중 White와 Smith(2001)의 두 개 항목의 7점 척도로 측정한 점수다. 사전조사 결과 나타난 평균값을 기준으로 상위 삼분위수(33.33%)에 해당하는 광고를 매우 창의적인 광고로, 하위 삼분위수(99.99%)에 해당하는 광고를 별로 창의적이지 않은 광고로 조작하였다.

기술

15개 항목으로 구성된 7점 Likert 척도다.

개발

문헌조사에 이어 광고주 종사자 2명, 광고 회사 종사자 2명 그리고 소비자 2명에 대한 심층면접 결과를 분석하였다. 또한 전문 광고인 12명과 일반 소비자

10명이 자유연상 목록기법에 따라 작성한 결과를 종합하여 최초로 152개의 항목들을 추출하였다. 다시 전문가의 자문을 거쳐 중복된 항목을 제거하였고, 역채점 항목의 배열 관계를 검토하는 과정을 거쳐 61개 항목을 확정하였다. 이 61개의 항목 표본을 바탕으로 광고주 및 광고 회사의 광고 관련 임직원과 소비자(대학생 포함) 529명을 대상으로 '창의적인 광고를 보면 어떤 느낌이 드는가?'에 대한 설문조사를 실시하였다. 더불어 항목 내용을 보다 정확하게 표현하기 위해 국어학 전공 교수 1인의 감수 과정을 거쳐 일부 항목들은 표현이 수정되었다. 탐색적 요인분석을 실시한 결과, 광고 창의성은 여덟 개 요인으로 구성되었으며, 항목 수도 39개로 축소되었다. 또한 이병관과 문영숙(2007)의 연구를 참조하여 식품/스낵, 개인용품/의류, 화장품, 자동차/컴퓨터 용품, 호텔/식당/레저/오락, 가구/가전제품, 가정용품, 의약품, 술, 금융/보험/부동산, 정보통신, 교육용품, 건강식품, 비즈니스 용품, 서비스, 기타의 16개 제품군의 광고물 135개를 수집하여, 1차로 창의적인 광고 16개, 중간 수준의 광고 15개, 창의적이지 않은 광고 17개의 총 48개의 광고물을 선정하였다. 그 후 White와 Smith(2001)가 제시한 15개 항목 중 '① 못 만든 …… ⑦ 잘 만든'과 '① 흔한 …… ⑦ 새로운'이라는 두 개의 7점 척도 항목을 바탕으로 광고물을 평가하여, 매우 창의적인(HC) 광고 열 개와 별로 창의적이지 않은(LC) 광고 열 개를 최종적으로 선정하여 2차 조사의 연구 도구로 활용하였다. 이후 크리에이티브 전공 교수 및 척도 개발 경험이 있는 마케팅 전공 교수 등 전문가의 자문을 받은 결과, 의미가 중복되는 항목의 제거가 필요하고 역채점 문항이 너무 많다는 지적과 함께 TV 광고 창의성을 포괄적으로 평가할 수 있는 항목, 예컨대 패러디 광고처럼 특정 장르에만 해당되는 항목은 부적절하다고 지적되어 최종적으로 일곱 개 항목이 탈락되었다. 이에 모두 32개 항목을 2차 조사에 필요한 변인으로 결정하였다. 결국 신뢰도와 다섯 가지 타당도(내용, 수렴, 변별, 공인, 예측)를 검증하고 표현의 통일성을 고려하는 동시에 길이 조정 과정 등을 거쳐 최종 15개 항목을 확정하였다.

표본

심층면접과 자유연상 목록기법에 의해 초기에 개발된 61개의 항목을 바탕으로 광고주 및 광고 회사의 광고 관련 임직원과 소비자(대학생 포함) 529명(남자 287명, 여자 242명)을 대상으로 '창의적인 광고물을 보면 어떠한 느낌이 드는가?'라는 질문으로 전반적인 광고 창의성에 대한 인식을 알아보았다. 그리고 최종 확정된 32개 항목을 광고주 90명(14.6%), 광고 회사 임직원 193명(31.4%), 소비자 332명(54.0%)의 총 615명을 대상으로 2차 조사를 실시하였다. 또한 48개의 광고물 평가 조사에 참여한 응답자는 광고주 12명(24.5%), 광고 회사 임직원 17명(34.7%), 소비자 20명(40.8%)의 총 49명(남자 26명, 53.1%; 여자 23명, 46.9%)이었다.

신뢰도와 타당도

최종적으로 추출된 15개 항목의 내적 일치도를 분석한 결과 α=.8678로 나타났다. 최종 요인분석 결과, 광고 창의성은 다섯 가지 요인의 15개 항목으로 구성되었으며 전체 변량의 74.61%를 설명하였다. 요인 1은 독창성(고유값 2.567, 설명변량 17.116%, α=.8867), 요인 2는 정교성(고유값 2.278, 설명변량 15.185%, α=.8293), 요인 3은 상관성(고유값 2.202, 설명변량 14.679%, α=.7689), 요인 4는 조화성(고유값, 2.201, 설명변량 14.675%, α=.8178), 요인 5는 적합성(고유값 1.944, 설명변량 12.961%, α=.7272)이었다. 또한 내용타당도, 구성타당도, 공인타당도 및 예측타당도를 확인하였다. 내용타당도는 광고 전문가 3인이 15개 문항 각각에 대한 타당성을 평가하여 CVI=.80 이상이 나왔으므로 비교적 높게 나타난 것으로 평가할 수 있다. 구성타당도의 검증에서는 상관계수 .05 이상에서 수렴타당도가 검증됨으로써 TV 광고 창의성 측정 척도로서 상당한 대표성을 지니는 것으로 해석할 수 있다. 그리고 변별타당도 검증에서도 매우 유의한 결과가 나타났으며, 선행 연구에서 제시된 척도들과 이 광고 창의성 척도 간의 상관관계 비교에서 높은 공인타당도를 확인할 수 있었다.

출처

김병희, 한상필 (2008). 텔레비전 광고의 창의성 척도 개발과 타당화. **광고학연구, 19**(2), 7-42.

참고문헌

김병희 (2002a). 광고 창의성에 관한 현상학적 연구. 광고연구, 55, 183-207.

김병희 (2002b). 광고 창의성의 개념 분석. 광고학연구, 13(4), 47-69.

김병희 (2007). 광고 창의성 척도 개발에 관한 이론적 논의. 한국광고홍보학보, 8(1), 28-66.

김병희, 한상필 (2006). 광고 창의성 측정을 위한 척도 개발과 타당성 검증. 광고학연구, 17(2), 7-41.

이병관, 문영숙 (2007). 광고 비주얼과 카피의 구조적 관계 유형 분석. 한국심리학회지: 소비자 · 광고, 8(2), 235-257.

White, A., & Smith, B. L. (2001). Assessing advertising creativity using the creative product semantic scale. *Journal of Advertising Research, 41*(6), 27-34.

척도문항

요인 1: 독창성

1. 개성적이다
2. 독특하다
3. 재미있다

요인 2: 정교성

4. 고급스럽다
5. 배경이 멋지다.
6. 세련되다

요인 3: 상관성

7. 제품(서비스)의 특성을 알았다.
8. 제품(서비스)의 혜택이 있다.
9. 내용을 즉각 알았다.

요인 4: 조화성

10. 소리가 잘 들린다.

11. 음향 효과가 절묘하다.
12. 영상과 배경음악이 어울린다.

요인 5: 적합성

13. 부자연스럽다.*
14. 못 만들었다.*
15. 표현이 제품(서비스)과 어울린다.

* *표는 역채점 항목임.

제3장
브랜드 관련 척도

1-1 브랜드 개성 척도

구성개념

브랜드 개성(personality)은 소비자와 브랜드의 직·간접적인 접촉에 의해 형성된다(Plummer, 1985). 브랜드 개성이란 브랜드와 관련된 인간적인 이미지 혹은 특성을 일컫는다(김정구, 1998; Aaker, 1997).

기술

16개 항목으로 구성된 7점 척도다.

개발

Aaker(1997), 김정구(1998)의 연구를 참조하여 20개 항목을 추출하였고, 요인분석 결과 16개 항목에 대하여 다섯 개의 요인을 추출하였다.

표본

두 가지 실험을 실시하였다. 첫 번째 실험은 비누 상품 광고로, 실험설계는 2개 변인(광고매체: TV, 라디오) × 3개 변인(광고음악: 없음, 광고음악 A, 광고음악 B)으로 112명의 대학생이 참여하였다. 두 번째 실험은 자동차 상품 광고로, 실험설계는 2개 변인(광고매체: TV, 라디오) × 3개 변인(광고음악: 없음, 창작음악 A, 창작음악 B)으로 120명의 대학생이 참여하였다.

신뢰도와 타당도

요인분석 결과 다섯 개의 요인이 추출되었는데, 신뢰(32.3%), 매력(12.0%), 신세대적(10.4%), 자신감(9.1%), 강건함(6.2%)으로 비누의 총 설명변량은 70.0%였다. 자동차의 경우 신뢰(35.9%), 매력(14.9%), 신세대적(7.6%), 자신감(11.2%), 강건함(5.5%)으로 총 설명변량은 75.1%로 나타났다. 내적 일치도(α)는 비누와 자동차 제품별로 각 요인에서 .64~.90의 용인된 수준으로 나타났다.

출처

황인석 (2000). 방송광고의 시각적 요소와 청각적 요소가 브랜드 개성의 인식에 미치는 영향. 광고학연구, 11(3), 255-268.

참고문헌

김정구 (1998). 브랜드 개성을 통한 광고 전략 연구. 광고학연구, 9(1), 37-52.

Aaker, J. (1997). Dimensions of brand personality. *Journal of Marketing Research, 34*(August), 347-356.

Plummer, J. T. (1985). Brand personality: A strategic concept for multinational advertising. *Marketing Educators' Conference* (pp. 1-31). New York: Young & Rubicam.

척도문항

요인 1: 신뢰

1. 정직하다
2. 성실하다
3. 솔직하다
4. 믿음직하다

요인 2: 매력

5. 매혹적이다
6. 매력적이다

7. 멋지다

요인 3: 신세대적

8. 독특하다
9. 독자적이다
10. 상상력이 풍부하다

요인 4: 자신감

11. 성공 지향적이다
12. 자신감이 있다
13. 지도력이 있다

요인 5: 강건함

14. 남성스럽다
15. 터프하다
16. 엄격하다

1-2 브랜드 개성 척도

구성개념

브랜드 개성은 소비자와 브랜드의 직·간접적인 접촉에 의해 형성된다(Plummer, 1985). 브랜드 개성이란 브랜드와 관련된 인간적인 이미지 혹은 특성을 일컫는다(김정구, 1998; Aaker, 1997). 즉, 브랜드 개성이란 브랜드에 대해 소비자가 느끼는 인간적인 이미지다.

기술

39개 항목으로 구성된 7점 Likert 척도다.

개발

Aaker(1997)의 브랜드 개성 척도를 번안하여 사용하였다.

표본

사전검사 및 FGI(Focus Group Interview)를 통해 16개의 브랜드를 선정하였고, 편의 표본추출법으로 319명을 추출하였다. 연령별로는 10대 178명, 20대 122명, 30대 19명이었고, 성별로는 남자 160명, 여자 159명이었다.

신뢰도와 타당도

요인분석 결과, 유능함(α=.88), 활동적(α=.88), 강인함(α=.80), 진실함(α=.76),

다정함(α=.75)의 다섯 개 요인이 추출되었다.

출처

김정구, 안용현 (2000). 브랜드 개성의 FCB 모델에 따른 역할에 관한 연구. **광고학연구**, 11(4), 65-85.

참고문헌

김정구 (1998). 브랜드 개성을 통한 광고 전략 연구. **광고학연구**, 9(1), 37-52.

Aaker, J. (1997). Dimensions of brand personality. *Journal of Marketing Research, 34*(August), 347-356.

Plummer, J. T. (1985). Brand personality: A strategic concept for multinational advertising. *Marketing Educators' Conference* (pp. 1-31). New York: Young & Rubicam.

척도문항

요인 1: 유능함

1. 현실적이다
2. 믿음직하다
3. 실질적이다
4. 기술력이 있다
5. 성공 지향적이다
6. 안전감이 있다
7. 능력이 있다
8. 확실하다
9. 현대적이다
10. 열심히 한다
11. 조직적이다
12. 세련되었다

요인 2: 활동적

13. 활기 있다
14. 생기 있다
15. 재미있다
16. 젊다
17. 모험적이다
18. 외향적이다
19. 터프하다
20. 창의적이다
21. 매력적이다
22. 멋지다
23. 독자적이다
24. 화려하다

요인 3: 강인함

25. 강인하다
26. 냉정하다
27. 진지하다
28. 지적이다
29. 지도력이 있다
30. 개척 정신이 있다

요인 4: 진실함

31. 소박하다
32. 전통적이다
33. 정직하다
34. 가정적이다
35. 참되다

요인 5: 다정함

36. 감상적이다
37. 부드럽다
38. 다정하다
39. 감정이 풍부하다

1-3 브랜드 성격 척도(한국형)

구성개념

Aaker(1997)는 브랜드 성격(personality)을 "소비자가 브랜드에 부여하는 인간적 특징이나 특질들의 집합"이라고 정의하였다. Keller(1993)는 브랜드 성격을 사용자와 사용 이미지 속성에 의해 만들어지는 브랜드 이미지의 한 범주로 보았다. 그리고 사용자와 사용 이미지 속성은 소비자 자신의 경험 및 브랜드 사용자들과의 접촉을 통해 직접적으로 형성되거나 브랜드 광고 등에 의해 간접적으로 형성된다고 보았다. Keller(1993), Kotler(1997) 등은 브랜드 성격을 커뮤니케이션 효과의 관점에서 해석하는 한편, 그것이 브랜드 이미지를 구성하는 브랜드 연상의 형태 가운데 비제품과 관련하여 가장 영향력 있는 브랜드 자산이라고 주장하였다. 결국 브랜드 성격은 브랜드 이름 및 상징과 관련된 무형의 가치로서 브랜드 가치를 결정하는 무형의 자산이라고 할 수 있다(양윤, 조은하, 2002).

기술

총 38개 문항으로 구성되어 있다(척도점에 관해서는 보고되지 않았음).

개발

문헌 연구와 부가적인 문항을 얻기 위한 개방형 질문 자료를 기초로 총 121개 문항의 예비 척도를 구성하여 실시하고 수집된 자료에 대해 탐색적 요인분석(공통요인분석, 단일 주축분해법)을 실시한 결과, 요인부하량이 낮은 문항을 제거하는

1차 문항분석을 통해 98개의 문항이 선정되었다. 다시 2차 문항분석에서는 브랜드 성격의 구성 요인 수를 다섯 개로 결정하고 이에 대한 탐색적 요인분석을 거쳐, 여러 기준에 의하여 문항을 제거하고 최종 38개 문항을 선정하였다. 이들 38개의 예비 문항으로 구성된 척도는 5요인으로 지정하여 요인 구조를 재산출하였다.

표본

척도 개발을 위한 연구에는 1,605명(고등학생 322명, 대학생 1,119명, 일반인 164명; 남자 792명, 여자 813명), 그리고 교차타당화를 위한 연구에는 924명(고등학생 183명, 대학생 616명, 일반인 125명; 남자 478명, 여자 446명)의 사례를 사용하였다.

신뢰도와 타당도

38개의 예비 문항으로 구성된 척도는 5요인으로 구성되었다. 요인 1은 강인함(고유값 4.12, 설명변량 24.15%, α=.82), 요인 2는 성실함(고유값 3.69, 설명변량 21.66%, α=.76), 요인 3은 세련됨(고유값 3.67, 설명변량 21.55%, α=.82), 요인 4는 흥미진진함(고유값 3.16, 설명변량 18.54%, α=.79), 요인 5는 귀여움(고유값 2.40, 설명변량 14.10%, α=.70)으로 나타났다. 38개 문항에 대해 5요인 모형을 설정하여 탐색적으로 얻은 모형이 다른 표본에도 일반화될 수 있는지를 확인하기 위해 교차타당화를 실시한 결과 5요인 모형의 수렴이 확인되었다.

출처

양윤, 조은하 (2002). 한국형 브랜드 성격 척도 개발과 타당화에 관한 연구. 한국심리학회지: 소비자 · 광고, 3(2), 25-53.

참고문헌

김정구 (1998). 브랜드 개성을 통한 광고 전략 연구. 광고학연구, 9(1), 37-52.

Aaker, J. (1997). Dimensions of brand personality. *Journal of Marketing Research, 34*(August), 347-356.

Keller, K. L. (1993). Conceptualizing, measuring, and managing customer-based brand equity. *Journal of Marketing, 57*(January), 1-22.

Kotler, P. (1997). *Marketing management.* Upper Saddle River, NJ: Prentice-Hall.

척도문항

요인 1: 강인함

1. 공격적인
2. 건방진
3. 권위적인
4. 드센
5. 냉정한
6. 교활한
7. 저돌적인
8. 위엄 있는
9. 인색한
10. 보수적인

요인 2: 성실함

11. 반듯한
12. 모범적인
13. 믿을 만한
14. 단정한
15. 듬직한
16. 겸손한
17. 리더십 있는

요인 3: 세련됨

18. 세련된
19. 서구적인
20. 미래지향적인
21. 첨단의
22. 화려한
23. 한국적인*

24. 사치스러운
25. 전통적인*

요인 4: 흥미진진함

26. 활발한
27. 즐거운
28. 재미있는
29. 짜릿한
30. 적극적인
31. 사교적인
32. 진취적인
33. 친근한
34. 당당한

요인 5: 귀여움

35. 새침한
36. 아기자기한
37. 깜찍한
38. 얌전한

* *표는 역채점 항목임.

2 브랜드 커뮤니티 관계 성과 측정 척도

구성개념

강명수, 김병재, 신종철(2005)은 제품 관계를 소유한 제품에 대한 소유자들의 감정으로 정의하였다. 기업 관계는 조직에 대한 브랜드 소유자들의 감정으로 정의하였으며, 이는 곧 소비자의 기업에 대한 관심과 동일한 개념이라고 보았다. 마지막으로 소비자(공중) 관계는 제품의 소비자가 다른 소유자에 대해서 지니는 감정으로 정의하였다.

기술

여덟 개의 문항으로 구성된 7점 Likert 척도다.

개발

McAlexander, Schouten과 Koeing(2002)이 제시한 IBC를 바탕으로 하였으며, IBC의 구성 항목인 제품 관계, 브랜드 관계, 기업 관계 및 소비자(공중) 관계 중에서 브랜드 관계는 제외하고 측정 항목을 구성하였다.

표본

브랜드 커뮤니티의 선정은 기업들이 개설한 브랜드 커뮤니티 중에서 응답자들이 일상생활에 쉽게 접할 수 있는 제품이어야 한다는 것을 기준(김유경, 2002)으로 하여, 국내 주류 회사인 하이트 맥주가 운영하고 있는 브랜드 커뮤니티를 조사 대상으로 하였다. 그리고 브랜드 커뮤니티 비구성원 집단을 대상으로 한 일반 소비자 조사는 서울과 경기 지역의 대학생과 대학원생을 대상으로 편의 추출하였다. 브랜드 커뮤니티 구성원 129명과 일반 소비자 138명이 구조화된 설문지에 응답하였다.

신뢰도와 타당도

확인적 요인분석 결과 구성개념과 측정 항목을 연결하는 계수값이 모두 통계적으로 유의하게 나타나 수렴타당도를 확인할 수 있었고, 구성개념 간의 관계를 보여 주는 Φ계수의 신뢰구간(즉, $\Phi \pm 2$ S.E.)에 1.0이 포함되지 않아 변별타당도가 있음이 확인되었다. 이 척도의 내적 일치도(α)는 제품 관계가 .91, 기업 관계가 .92, 그리고 소비자 관계가 .95로 나타났다.

출처

강명수, 김병재, 신종철 (2005). 브랜드 커뮤니티 성과에 관한 연구—관계성과와 브랜드 자산을 중심으로. **광고연구**, 69, 9-32.

참고문헌

김유경 (2002). 소비자-브랜드 유형과 영향 요인에 관한 실증 연구. **광고연구**, 54, 7-32.

McAlexander, J. H., Schouten, J. W., & Koeing, H. F. (2002). Building brand community. *Journal of Marketing, 66*(1), 38-54.

척도문항

제품 관계

1. 나는 X(맥주)를 좋아한다.
2. 나는 X(맥주)가 자랑스럽다.
3. X(맥주)는 내가 가장 좋아하는 것 중 하나다.

기업 관계

4. 이 기업은 나의 욕구를 잘 이해하고 있다.
5. 이 기업은 나의 의견을 존중해 준다.

소비자(공중) 관계

6. 나는 이 브랜드로 인해 좋은 사람들을 만났다.
7. 나는 이 브랜드 제품을 마시는 다른 사람들과 유사성을 느낀다.
8. 나는 이 브랜드 커뮤니티에 흥미를 가지고 있다.

3 브랜드 커뮤니티의 소비자-기반 브랜드 자산 측정 척도

구성개념

강명수, 김병재, 신종철(2005)은 브랜드 자산을 브랜드 커뮤니티의 한 가지 성과 변수로 보고, 브랜드 자산을 재무적 관점보다는 고객-기반 관점으로 접근하였다. 그들은 기존 연구들에 근거하여 브랜드 자산의 하위 요소를 브랜드 인지, 브랜드 연상, 지각된 품질 및 브랜드 충성도로 보았다. 또한 브랜드 인지 및 브랜드 연상을 독특한 브랜드 이미지의 형성으로 정의하였고, 지각된 품질은 브랜드의 전반적 우수성과 탁월함에 대한 소비자의 주관적 판단으로 정의하였다. 마지막으로 브랜드 충성도는 소비자가 브랜드에 대해 일정 기간 동안 보이는 호의적 태도 및 그에 따른 반복 구매 행동 성향으로 정의하였다.

기술

11개의 문항으로 구성된 7점 Likert 척도다.

개발

브랜드 인지와 브랜드 연상 요소는 Aaker(1996), Keller(2001), Yoo, Donthu 와 Lee(2000)의 연구를 바탕으로 최동궁과 박영봉(2002), 정창모(2003), 이미영(2004)의 연구를 참고하여 측정 항목을 구성하였다. 지각된 품질은 원구현(2003), 이미영(2004)의 연구에서 사용되었던 항목을 이용하였다. 마지막으로 브랜드 충성도는 이유재와 라선아(2002), 이미영(2004)의 연구에서 사용되었던 항목을 이용하였다.

표본

브랜드 커뮤니티의 선정은 기업들이 개설한 브랜드 커뮤니티 중에서 응답자들이 일상생활에 쉽게 접할 수 있는 제품이어야 한다는 것을 기준(김유경, 2002)으로 하여, 국내 주류 회사인 하이트 맥주가 운영하고 있는 브랜드 커뮤니티를 조사 대상으로 하였다. 그리고 브랜드 커뮤니티 비구성원 집단을 대상으로 한 일반 소비자 조사는 서울과 경기 지역의 대학생과 대학원생을 대상으로 편의 추출하였다. 브랜드 커뮤니티 구성원 129명과 일반 소비자 138명이 구조화된 설문지에 응답하였다.

신뢰도와 타당도

확인적 요인분석 결과 구성개념과 측정 항목을 연결하는 계수값이 모두 통계적으로 유의하게 나타나 수렴타당도를 확인할 수 있었고, 구성개념 간의 관계를 보여 주는 Φ계수의 신뢰구간(즉, $\Phi \pm 2$ S.E.)에 1.0이 포함되지 않아 변별타당도가 있음이 확인되었다. 이 척도의 내적 일치도(α)는 브랜드 인지가 .79, 브랜드 연상이 .90, 지각된 품질이 .87, 그리고 브랜드 충성도가 .94로 각각 나타났다.

출처

강명수, 김병재, 신종철 (2005). 브랜드 커뮤니티 성과에 관한 연구 – 관계성과와 브랜드 자산을 중심으로. **광고연구**, 69, 9-32.

참고문헌

김유경 (2002). 소비자-브랜드 유형과 영향 요인에 관한 실증 연구. **광고연구**, 54, 7-32.

원구현 (2003). 브랜드 형성 과정의 재정립. **한국마케팅저널**, 5(3), 80-105.

이미영 (2004). 신문 브랜드 자산에 영향을 미치는 브랜드 연상 요인 연구. **광고학연구**, 15(5), 7-27.

이유재, 라선아 (2002). 브랜드 퍼스널리티, 브랜드 동일시, 브랜드 자산 모형: 이용자와 비이용자 간 차이에 대한 탐색적 연구. **마케팅연구**, 17(3), 1-33.

정창모 (2003). 온라인 브랜드 커뮤니티 충성도가 브랜드 태도에 미치는 영향에 관한 연구. 서울대학교 대학원 경영학과 석사학위 청구논문.

최동궁, 박영봉 (2002). 웹 특성 변수가 웹 브랜드 자산 형성 요인에 미치는 영향에 관한 연구. 마케팅연구, 17(3), 123-146.

Aaker, D. A. (1996). Measuring brand equity across products and markets. *California Management Review, 38*(3), 102-120.

Keller, K. L. (2001). Building customer-based brand equity. *Marketing Management, 10*(2), 14-19.

Yoo, B., Donthu, N., & Lee, S. H. (2000). An examination of selected marketing mix elements and brand equity. *Journal of the Academy Marketing Science, 28*(2), 195-211.

척도문항

브랜드 인지

1. 나는 머릿속에서 이 브랜드를 쉽게 떠올릴 수 있다.
2. 나는 이 브랜드의 로고나 상징을 쉽게 기억해 낼 수 있다.
3. X(맥주) 하면 이 브랜드가 제일 먼저 떠오른다.

브랜드 연상

4. 이 브랜드는 다른 브랜드와는 분명하게 다르다.
5. 이 브랜드는 독특한 개성이 있다.
6. 이 브랜드를 말하면 기분 좋은 무엇인가가 연상된다.

지각된 품질

7. 이 브랜드는 품질이 우수한 X(맥주)다.
8. 이 브랜드는 다른 브랜드에 비해 품질이 뛰어나다.

브랜드 충성도

9. 나는 이 브랜드를 고집하는 편이다.
10. 나는 이 브랜드 제품이 없으면 찾아서라도 구매한다.
11. 나는 이 브랜드를 정말로 선호한다.

4 소비자-기반 브랜드 자산 척도

구성개념

브랜드 자산은 어떠한 측면에서 정의하고 접근하느냐에 따라 크게 두 가지 관점으로 나눌 수 있다. 먼저 기업의 관점에서 브랜드 자산의 경제적 가치를 계량화하려는 시도들로 Simon과 Sullivan(1993)이 가정한 증권시장에서의 주식의 시가 총액이나 Longman(1995; 김주호, 1999에서 재인용)의 수익률(price/earning ratio)에 의한 측정 등이 있다. 물론 기업의 목표 달성이라는 측면에서 브랜드 자산의 재무적 접근이 중요한 것은 사실이지만, 주식 시세를 근거로 한 산출에 대해 비판적이며 그 활용으로는 기업이 나아가야 할 방향을 제시해 주지 못한다는 주장도 있다(김주호, 1999).

브랜드 자산에 대한 다른 관점은 소비자나 고객의 측면이다. 특정 브랜드는 소비자에게 가장 중심적인 점화 자극으로서, 그와 관련된 제품, 포장, 메시지, 제조 기업 등에 대한 평가 준거로서 작용한다(Solomon, 2004, 2005). 브랜드는 제품 그 이상의 것이다. 따라서 소비자는 물리적인 실체로서의 제품을 사기보다는 지각적인 실체로서의 브랜드를 사는 것이다. 소비자는 이러한 지각적 실체에 의해 제품을 평가하고 구매 결정을 하며 만족하게 된다. 당연히 브랜드 자산의 정의에는 소비자나 고객의 지각 측면이 고려되어야 한다. 이러한 입장을 소비자 또는 고객-기반 브랜드 자산(consumer or customer-based brand equity)이라고 한다. 리대룡과 이상빈(2006)의 연구에서는 이를 '소비자-기반 브랜드 자산'으로 통일하여 사용하고 있다.

브랜드 자산의 한 차원으로 제안되고 있는 브랜드에 대한 높은 인식 수준과 긍정적인 이미지는 더 많은 소비자(소매상) 충성심을 생산할 뿐더러, 브랜드 선택의 가능성을 증가시키고, 경쟁적 마케팅 활동에 대한 비난을 감소시키며, 마케팅 커뮤니케이션 효율성을 증가시킬 수 있다. 또한 소비자에 기초한 브랜드 자산은 브랜드에 대한 가격, 유통, 광고, 프로모션 활동에 대한 호의적 반응을 창조하고 증가시킨다. 더욱이 긍정적이고 높은 수준의 브랜드 자산은 최근 기업의 중요한 성장 전략인 라이센싱 기회와 브랜드 확장 기회를 크게 제고시킬 수 있다.

기술

17개의 문항으로 구성된 5점 의미변별 척도다.

개발

소비자-기반 브랜드 자산의 조작화에 접근한 연구들과 위의 개념화 과정에서 제기된 구성 차원들에 대한 정의들에 근거하여, 소비자-기반 브랜드 자산의 차원을 반영한다고 판단되는 30개의 후보 척도 문항들을 추출하였다. 이 문항들은 Washburn과 Plank(2002)의 15개 문항과 Netemeyer와 그의 동료들(2004)이 사용한 16개 문항 중 15개 문항의 총 30개 문항을 이 연구의 소비자-기반 브랜드 자산의 예비 척도로 구성하였다. 그리고 연구 결과 최종 5요인 구조(five-factor solution)의 17개 문항이 추출되었다.

탐색적 요인분석을 통해 간명하게 감축된 문항 세트의 적합도를 확인하기 위해 같은 표본에서 얻어진 반응으로 구조 방정식 모델링을 이용하여 확인적 요인분석을 실시한 결과, 5개 차원의 17개 문항으로 구성된 브랜드 자산 척도가 모든 자료의 적합도 지수에서 매우 적합한 것으로 나타났다. 다시 브랜드 자산을 2차 요인으로 한 2차 요인 확인적 요인분석 결과에서는 CMIN/DF = 19.703, GFI = .924, AGFI = .898, NFI = .939, NNFI(TLI) = .931 그리고 RMSEA = .078로 나타났다.

표본

연구 참가자는 대학생과 대학원생 1,018명(여학생 647명, 남학생 371명)으로 평균연령은 21.5세였다. 참가자들이 재학 중인 대학의 소재지는 서울, 경기도 안성, 충청도 천안과 조치원, 강원도 원주, 전라도 전주와 광주 그리고 경상도 진주와 부산 지역으로, 가능한 한 전국 각 지역을 포괄하도록 하였다.

신뢰도와 타당도

소비자-기반 브랜드 척도의 최종 신뢰도는 내적 일치도(α)가 =.93으로 바람직한 수준이었다. 예비 척도 30개의 문항에 대해 공통 요인 모형에 주축분해(principal axis factoring)를 사용하여 5요인 구조의 17개 문항을 추출하였다. 요인분석 결과, 요인 1은 독특성(고유치 5.739, 설명변량 33.758%), 요인 2는 브랜드 인식/연상(고유치 2.023, 설명변량 11.901%), 요인 3은 지각된 품질(고유치 1.429, 설명변량 8.406%), 요인 4는 브랜드 충성(고유치 1.324, 설명변량 7.790%), 요인 5는 할증 가격 지불 의향(고유치 1.005, 설명변량 5.912%)이었다. 또한 먼저 브랜드 자산과 관련된다고 기존 연구들에서 제안된 OBE(Overall Brand Equity), 브랜드 인식, 브랜드 친숙성, 브랜드 인기, 이미지 일치성, 브랜드 신뢰성, 브랜드 태도 및 브랜드에 대한 정서적 애착의 여덟 가지 행동 예측력에 의해 수렴타당도가 확인되었다. 변별타당도는 이 소비자-기반 브랜드 자산 척도의 측정치가 브랜드 태도와 브랜드에 대한 정서적 애착의 측정치와 경험적으로 변별될 수 있는 결과로부터 얻어졌다. 본 소비자-기반 브랜드 자산 척도가 특정의 실제 제품에 대한 구매 의도를 유의미하게 예측하고 있음을 보여 준 결과에 의해 예언타당도의 증거가 확인되었다.

출처

리대룡, 이상빈 (2006). 소비자-기반 브랜드 자산 척도의 개발과 타당화에 관한 일 연구. **광고연구**, 72(가을), 95-122.

참고문헌

김주호 (1999). 브랜드 자산 측정에 대한 실증연구 및 광고가 브랜드 자산 구축에 미치는 영향 분석. 광고학연구: 일반, 10(1), 183-209.

Netemeyer, R. G., Krishnan, B., Pullig, C., Wang, G., Yagci, M., Dean, D., Ricks, J., & Wirth, F. (2004). Developing and validating measures of facets of customer-based brand equity. *Journal of Business Research, 57*(2), 209-224.

Simon, C. J., & Sullivan, M. W. (1993). The measurement and determinants of brand equity: A financial approach. *Marketing Science, 12*(Winter), 28-52.

Solomon, M. R. (2005). 소비자 행동론. [Consumer behavior]. (리대룡, 이상빈, 황장선 공역). 서울: 브레인코리아. (원전은 2004에 출판)

Washburn, J. H., & Plank, R. E. (2002). Measuring brand equity: An evaluation of a consumer-based brand equity scale. *Journal of Marketing Theory and Practice, 10*(1), 46-62.

Yoo, B., & Donthu, N. (2001). Developing and validating a multidimensional consumer-based brand equity scale. *Journal of Business Research, 52*(1), 1-14.

척도문항

요인 1: 독특성

1. X는 정말로 다른 브랜드와는 달리 한층 돋보인다.
2. X는 다른 브랜드와는 다르다.
3. X는 다른 브랜드와는 달리 매우 특별하다.
4. X는 다른 브랜드와는 달리 독특하다.

요인 2: 브랜드 인식/연상

5. 나는 X의 경쟁 브랜드들 사이에 있는 X를 곧 알아볼 수 있다.
6. X의 어떤 특징들은 빨리 생각이 난다.

7. 나는 X를 알고 있다.
8. 나는 X가 어떤 모양의 것인지 알고 있다.

요인 3: 지각된 품질

9. 내가 생각하기에 X의 품질은 최고다.
10. X는 고품질이다.
11. 다른 브랜드와 비교하여 X의 품질은 매우 고급이다.

요인 4: 브랜드 충성

12. X는 늘 내가 첫 번째로 선택하는 것이다.
13. X가 상점에 있다면, 나는 다른 브랜드는 사지 않을 것이다.
14. 나는 나 자신이 X에 충성스러울 정도라고 생각한다.

요인 5: 할증 가격 지불 의향

15. 나는 X가 다른 브랜드의 제품들에 비해 가격이 훨씬 비싸더라도 기꺼이 돈을 내고 살 생각이다.
16. 나는 X를 사기 위해서는 다른 브랜드들보다 기꺼이 더 많은 돈을 지불할 생각이 있다.
17. X의 가격이 전보다 상당히 비싸졌더라도 나는 다른 브랜드는 사지 않을 것이다.

5 브랜드 다양성 추구 척도

구성개념

브랜드 다양성 추구에 대한 심리학적 견해에 근거하여 다양성 추구를 '소비자가 제품 구매 시 자극을 추구하는 높은 정도에 따라 다양한 상표를 찾는 성향'이라고 정의하였다. 그리고 다양성 추구 행동은 '소비자가 제품 구매 시 다양한 상표 사이에서 전환하는 행동'으로 정의하였다.

기술

여섯 개의 문항으로 구성된 7점 척도다.

개발

Baugartner와 Steenkamp(1996)는 다양성 추구 행동에 영향을 미치는 개인의 내적 요인과 관련하여 소비자의 다양한 탐험적 구매 행위를 개념화하고, 이를 위해 EAP(Exploratory Acquisition of Products) 척도와 EIS(Exploratory Information Seeking) 척도로 구성된 측정 도구를 개발하였다. EAP 척도는 위험성이 있으면서 혁신적인 제품의 선택과 다양하고 변화가 있는 구매 경험을 통해 감각적인 자극에 대한 탐험적 잠재성을 측정한다. 이러한 연구 결과 EAP 척도가 다양성 추구 행동을 잘 설명해 주는 것으로 나타났다. Van Trijp, Hoyer와 Inman (1996)은 Baugartner와 Steenkamp(1996)가 개발한 열 개 문항 척도를 여섯 개 문항으로 축소하여 다양성 추구 척도를 만들었다. 양윤과 최훈희(2002)는 Van

Trijp와 그의 동료들(1996)이 개발한 여섯 개 문항을 번역하여 사용하였다.

표본

서울 소재 이화여자대학교에서 심리학 관련 교양과목을 수강하는 학부생 594명을 대상으로 하였다.

신뢰도와 타당도

문항-총점 간 상관, 문항 간 상관 계수 등을 검토한 결과 제거할 만한 문항은 없는 것으로 판단하여 탐색적 요인분석을 실시하였다. 요인분석의 모형 중 공통요인분석을 택하였고, 공통분산의 추정치로는 SMC(Squared Multiple Correlation)를 사용하였다. 그리고 기초 구조의 추출을 위해서 단일 주축분해법을 사용하였다.

문 항	요인 적재량
1. 특정 브랜드에 대한 고집	.6293
2. 친숙한 음식을 위주로 주문함	.6087
3. 색다른 것을 위해서 다른 브랜드를 구매하지는 않음	.5003
4. 다른 종류의 제품을 살 때 매우 신중함	.5267
5. 같은 맛을 고르는 편임	.6660
6. 친숙하지 않은 브랜드의 구매를 즐김	.7418

출처

양윤, 최훈희 (2002). 무드와 제품 범주에 따른 다양성 추구 행동과 무드와 다양성 추구 경향성에 따른 정보 탐색 행동. 광고학연구, 13(3), 71-102.

참고문헌

Baugartner, H., & Steenkamp, J. E. (1996). Exploratory consumer buying behavior: Conceptualization and measurement. *International Journal of Research in Marketing, 13*(2), 121-137.

Van Trijp, H. C. M., Hoyer, W. D., & Inman, J. J. (1996). Why switch? Product category-level explanations for true variety-seeking behavior.

Journal of Marketing Research, 33(August), 281-292.

척도문항

1. 잘 알지 못하는 브랜드의 제품을 구매하기보다는 내가 자주 구매하는 특정 브랜드를 고집하는 편이다.
2. 음식점에 가면 나에게 친숙한 음식을 주문하는 것이 더 안전하다고 생각한다.
3. 내가 선호하는 브랜드가 있는 경우, 나는 단지 뭔가 색다른 것을 위해서 다른 브랜드 제품을 구매하지는 않는다.
4. 나는 신제품이나 전에 알던 것과 다른 종류의 제품을 구매하는 경우에 매우 신중한 편이다.
5. 어떤 음료수가 여러 종류의 맛을 가지고 있어도 나는 같은 맛을 고르는 편이다.
6. 나는 구매에 변화를 주기 위해서 나에게 친숙하지 않은 브랜드의 제품을 구매하는 것을 즐긴다.

6 브랜드 명품성 척도

구성개념

명품의 국어사전적 의미는 "뛰어나거나 이름난 물건 또는 그런 작품"이다. 이에 해당하는 영어 단어는 masterpiece인데, masterpiece의 사전적 의미는 "극도로 훌륭한 그림, 소설, 영화 또는 다른 예술 작품(an extremely good painting, novel, film, or other work of art)"이다(임지훈, 김형식, 이학식, 2006). 그러나 현재 우리나라에서는 이러한 명품의 사전적 의미와는 전혀 다른 의미로 이 용어가 사용되고 있다. 국내 소비자들은 고가의 해외 유명 브랜드들을 명품이라고 부르고 있는데, 이러한 현상은 오직 국내에서만 나타나는 특수한 현상이다. 임지훈, 김형식, 이학식(2006)은 명품과 사치품을 동일한 것으로 보고 '명품'이라는 용어로 통일하여 사용하였다. 그리고 그들은 명품에 대하여 "같은 제품군 내의 다른 브랜드들에 비해 보다 높은 상징적(symbolic) 및 실용적(utilitarian) 편익을 제공함으로써, 시장에서 거래되는 동종 제품의 구매를 위해 소비자들이 지불하는 비용 이상을 기꺼이 지불할 만한 동기를 부여하는 제품 혹은 브랜드"라고 정의하였다.

기술

여섯 개 요인으로 묶여 총 25개 문항으로 구성된 5점 척도(① 전혀 그렇지 않다 …… ⑤ 매우 그렇다)다.

개발

기존의 문헌 연구를 통해 125개의 문항을 추출하여 내용 타당성 평가, 명품 관련성 평가, 표현 가능성 평가를 실시하고 항목을 제거한 결과, 최종 25개의 문항으로 구성된 BLIS(Brand Luxury Item Set)가 개발되었다.

표본

문항 개발 및 내용 타당성 평가를 위한 연구 1에서는 소비자 행동 분야의 교수 2명, 박사과정 1명과 석사과정 1명이 참여하였다. 소비자의 명품 관련성 평가를 위한 연구 2에서는 198명(직장인 18명, 대학생 180명; 남자 88명, 여자 110명)이 참여하였다. 소비자의 표현 가능성 평가를 위한 연구 3에서는 220명(20대 160명, 30대 60명; 남자 112명, 여자 108명)이 참여하였다. 소비자의 2차 명품 관련성 평가를 위한 연구 4와 탐색적 요인분석을 실시한 연구 5에서는 193명(직장인 69명, 자영업 4명, 대학생 105명, 가정주부 7명, 기타 8명; 남자 77명, 여자 116명)이 참여하였다. 그리고 BLIS의 타당성 평가를 위한 연구 6에서는 100명(20대 78명, 30대 22명; 직장인 76명, 대학생 24명; 남자 60명, 여자 40명)이 참여하였다.

신뢰도와 타당도

집중타당도(convergent validity)와 동시타당도(concurrent validity)를 확인하기 위해 각각 Pearson 상관관계 분석과 Spearman 상관관계 분석을 하였다. 집중타당도를 평가하기 위해 BLIS를 통해 얻은 총점과 전반적 명품성 간의 Pearson 상관관계 분석을 실시하고, 동시타당도를 평가하기 위해서 다섯 개 패션 브랜드에 대한 BLIS 점수의 순위와 전반적 명품성 순위 간의 Spearman 서열 상관관계 분석을 실시한 결과, 모두 상관관계가 높게 나타났다. 탐색적 요인분석 결과, 요인 1은 제품 가치(설명변량 13.79%, 고유값 7.39), 요인 2는 배타성(설명변량 13.21%, 고유값 3.10), 요인 3은 품질(설명변량 12.43%, 고유값 1.89), 요인 4는 자기만족(설명변량 12.46%, 고유값 1.70), 요인 5는 명성(설명변량 8.88%, 고유값 1.50), 마지막으로 요인 6은 과시성(설명변량 7.62%, 고유값 1.26)의 여섯 개 요인이 최종적으로 추출되었다. 그리고 여섯 개 요인들의 최종 내적 일치도(α)는 제품 가치가 $\alpha = .839$, 배타성이 $\alpha = .785$, 품질이 $\alpha = .766$, 자기만족이 $\alpha = .782$, 명성이

$\alpha=.642$, 과시성이 $\alpha=.758$이었다.

출처

임지훈, 김형식, 이학식 (2006). 브랜드 명품성 측정도구의 개발. 광고연구, 73, 185-216.

참고문헌

김대영 (2004). 명품마케팅. 서울: 미래의 창.

김성호 (1998). 호화 상품의 개념에 대한 한일 소비자 태도의 비교. 소비자학연구, 9(4), 137-149.

최윤정, 이은영 (2004). 패션 명품의 상표 자산 구성요소에 관한 연구(제1보). 한국의류학회지, 28(7), 1007-1018.

Dobois, B., & Laurent, G. (1994). Attitude towards the concept of luxury: An exploratory analysis. *Asia-Pacific Advanced in Consumer Research, 1*, 273-278.

Vigneron, F., & Johnson, L. W. (1999). A review and a conceptual framework of prestige-seeking consumer behavior. *Academy of Marketing Science Review, 1999*(1), 484-506.

척도문항

요인 1: 제품 가치

1. 값어치가 있다.
2. 고급스럽다.
3. 믿을 수 있다.
4. 소장 가치가 있다.
5. 최고를 지향한다.

요인 2: 배타성

6. 가격이 매우 비싸다.

7. 부를 상징한다.
8. 상류층이 사용한다.
9. 상류층이 선호하는 것이다.
10. 애호가들이 있다
11. 호화스럽다.

요인 3: 품질

12. 오래 쓸 수 있다.
13. 정교하게 만들었다.
14. 품격이 있다.
15. 품질이 우수하다.

요인 4: 자기만족

16. 소유자에게 기쁨을 준다.
17. 소유자를 만족시켜 준다.
18. 자신감을 갖게 해 준다.

요인 5: 명성

19. 세계적인 명성을 자랑한다.
20. 유명 디자이너가 만든 것이다.
21. 유명하다.
22. 전통성이 있다.

요인 6: 과시성

23. 관심을 끌게 한다.
24. 소유자가 과시할 수 있게끔 해 준다.
25. 소유자의 부를 드러내 준다.

제4장

제품 관련 척도

1 로고 인식 척도

구성개념

해당 자료 없음.

기술

15개 문항으로 구성된 7점 의미변별 척도다.

개발

로고(logos) 인식에 대한 평가 문항은 Henderson과 Cote(1996)의 연구에서 선정한 12개의 로고 특성 가운데 로고 선호 여부에 대한 명확한 판단을 할 수 없는 영구성, 로고 특성에 대한 개념으로 모호하다는 응집성, 자연스러움과 매우 유사한 유기성을 제외한 아홉 개의 특성과 Schmitt과 Simonson(1997)이 제시한 독창성, 규모, 신뢰감, 세련됨, 지역성, 자연성을 추가하여 15개 항목에 대해 FGI를 통해 타당성을 검증하였다.

표본

연구에 참여한 피험자는 300명으로 연령별 할당 추출법을 실시하였다. 연령별로는 10대, 20대, 30대가 각각 100명씩, 성별로는 남자 162명, 여자 138명, 직업별로는 중 · 고등학생 100명, 대학생 50명, 일반 사무직 78명, 주부 43명, 기타(전문직, 자영업 등) 29명이었다.

신뢰도와 타당도

15개 항목을 요인분석한 결과, 직각회전 후 각 요인의 아이겐 값은 요인 1 창의성(세련되었다, 규모가 크게 느껴진다, 독창적이다, 신뢰가 간다)이 2.66, 요인 2 명확성(의미가 명확하다, 구체적이다)이 2.03, 요인 3 자연스러움(자연스럽다, 부드럽다, 동양적이다)이 1.69, 요인 4 정교함(복잡하다, 역동적이다, 다면적이다)이 1.49로 나타났다. 그 밖에 '깊이가 있다' '친근하다' '대칭적이다'는 특정 요인과 결부되지 않는 것으로 나타났다.

출처

한상만, 최주리, 김광원 (2000). 어떠한 로고가 선호되는가? **광고학연구**, 11(2), 149-167.

참고문헌

Henderson, P. W., & Cote, J. A. (1996). Designing positively evaluated logos. *Working Paper*. Marketing Science Institute, Report No. 96-123.

Schmitt, B., & Simonson, A. (1997). *Marketing aesthetic: The strategic management of brands, identity, and image*. New York: Free Press.

척도문항

1. 단순한 ——— 복잡한
2. 의미가 명확치 않은 ——— 의미가 명확한
3. 추상적인 ——— 구체적인
4. 정적인 ——— 역동적인
5. 피상적인 ——— 깊이가 있는
6. 강한 ——— 부드러운
7. 인위적인 ——— 자연스러운
8. 다면적인 ——— 평면적인
9. 생소한 ——— 친근한
10. 비대칭적인 ——— 대칭적인

11. 촌스러운 ——— 세련된
12. 규모가 왜소한 ——— 규모가 큰
13. 모방적인 ——— 독창적인
14. 서양적인 ——— 동양적인
15. 신뢰감이 가는 ——— 신뢰감이 안 가는

2 위조품에 대한 태도 척도

구성개념

위조품이란 '진품과 똑같은 상표를 부착한 복제품'을 의미한다. 이는 브랜드 개발자들에게 당연히 돌아가야 할 이익을 빼앗으려는 것이다. 위조는 보호받고 있는 상표권이나 기존 판매상들의 상호를 써서 장사를 하는 것이므로 완전한 불법이다(손근상, 1998). 모조품은 진품과 다른 상표를 부착하여 어엿하게 합법적인 경우가 많으며, 특허권이나 복제권, 상표권이 없거나 소멸되면 합법적인 제품으로 취급받게 된다. 따라서 이 논문에서는 합법성의 인정 가능성이 있는 모조품과 모방품은 연구 대상에서 제외하고 진품과 똑같은 상표를 부착하는 복제품, 즉 합법적 제품과 대비되는 불법적 제품인 위조 브랜드 부착 제품에 한정하여 연구를 진행하였다.

기술

세 가지 요인으로 묶이고 13개 문항으로 구성된 5점 Likert 척도다.

개발

Tom, Garibaldi, Zeng과 Pilcher(1998)의 연구에서 번안하여 사용하였다.

표본

서울과 전주 지역 대학생 190명(남자 78명, 여자 112명)이 참여하였고, 평균연령은 22.4세였다.

신뢰도와 타당도

해당 자료 없음.

출처

김재영, 이경현 (2000). 위조 제품에 대한 소비자의 태도: 구매 주체와 요인 및 인구통계적 변인을 중심으로. **광고학연구**, 11(4), 87-107.

참고문헌

손근상 (1998). **모방 전략**. 서울: 사민서각.

Tom, G., Garibaldi, B., Zeng, Y., & Pilcher, J. (1998). Consumer demand for counterfeit goods. *Psychology & Marketing, 15*(5), 405-442.

척도문항

1. 위조품은 한국 경제를 해치지 않는다.
2. 위조품은 합법 제품을 생산하는 회사를 해롭게 한다.
3. 내가 위조품을 좋아하는 이유는 위조품 제조업자들로서는 그 제품들이 창의적이고 재간 있음을 보여 주는 것이기 때문이다.
4. 내가 위조품을 구매하는 이유는 위조품 제조업자들이 대기업과 싸우는 작은 상대이기 때문이다.
5. 위조품을 구매하는 것은 공정치 못한 대기업에 보복하기 위한 한 가지 방법이다.
6. 위조품을 구매하는 사람들은 죄를 범하는 것이다.
7. 위조품을 판매하는 사람들은 죄를 범하는 것이다.
8. 위조품을 생산하는 업자들은 죄를 범하는 것이다.
9. 위조품을 구매하는 것은 내가 현명한 소비자임을 보여 주는 것이다.
10. 내가 위조품을 구매하는 이유는 합법 제품 제조업자들에게 짓궂은 장난을 하기 위해서다.

11. 내가 위조품을 구매하는 이유는 유명 디자이너 제품의 가격이 불합리하고 정당하지 못하기 때문이다.
12. 위조품은 디자이너의 제품과 동일하다.
13. 나는 합법적인 제품을 구매할 만한 여유가 있어도 위조품을 구매할 것이다.

3 제품 디자인에 대한 반응 척도

구성개념

성영신과 정수정(2003)은 소비자들이 신기술 제품의 디자인을 보고 나타내는 다양한 반응들을 디자인 지각, 디자인 평가, 디자인 태도, 제품 평가 및 제품 태도로 개념화하였다.

첫 번째로 '디자인 지각'이란 제품을 처음 봤을 때 생기는 제품 외형에 대한 지각이다. 이 반응은 제품 디자인, 즉 외형의 색, 형태, 장식, 재질, 강도, 표면에 대한 맨 처음의 반응으로서 호오(好惡)를 포함하지 않는다. 두 번째로 '디자인 평가'란 지각된 디자인에 대한 인지적 측면의 주관적 평가로서 지각 반응을 한 단계 정교화한 2차 반응이라고 할 수 있다. 세 번째로 '디자인 태도'는 디자인에 대한 정서적 선호 반응으로서 이전 연구자들의 미적 반응과 밀접한 연관이 있었다. 즉, 디자인 평가가 각각의 인지적 평가라면, 디자인 태도는 총체적인 선호 개념으로 이해할 수 있다. 그런데 여기서 한 가지 주목할 만한 점은 디자인 태도는 광고나 일반적인 대상에 대한 태도와 달랐다는 것이다. 성영신과 정수정(2003)은 디자인에 대한 소비자의 반응을 개념화해 본 결과, 신기술 제품 디자인이 소비자들에게 단순한 미적 역할 이외의 역할도 하는 것을 확인할 수 있었다. 소비자들은 제품 속성에 관한 인지적 추론 반응을 보였는데, 이는 '제품 평가'로 명명되었다. 또한 소비자들은 특정 제품에 대해 좋다, 싫다는 식의 제품에 대한 총체적 선호도 반응을 보였다. 한편 조사 내용을 분석한 결과 디자인에 대한 다섯 가지 소비자 반응이 일련의 프로세스를 이룬다는 예상을 하게 되었다. 즉, 소비자들은 신기술 제품을 보면 디자인을 지각하고 평가하여 태도를 자동적으로 형성하며, 동시에 디자인에 대한 평가는 디자인과 직접적인 관련이 없는 제품에 대한 평가에 영향을 미치고, 또 제품 평가는 제품 태도 반응을 촉발하는 것으로 추측되었다.

기술

디자인 지각이 13개 문항, 디자인 평가가 17개 문항, 디자인 태도가 세 개 문항, 제품 평가가 13개 문항 그리고 제품 태도가 세 개 문항의 총 49개 문항으로 구성된 7점 척도다.

개발

구성 변수들을 확인하기 위해 예비 연구에서 찾아낸 소비자 표현을 중심으로 82개의 문항을 구성하였다. 예비 연구에서 개념화한 다섯 가지 반응들이 각기 어떤 요소로 구성되었는지 알아보기 위해 요인분석(주축 요인분석, 배리맥스 회전)을 하였다. 요인분석 결과, 요인부하량과 요인별 신뢰도를 점검하여 디자인 지각은 17개 문항, 디자인 평가는 26개 문항, 디자인 태도는 세 개 문항, 제품 평가는 13개 문항 그리고 제품 태도는 세 개 문항이 추출되었다. 또한 디자인 지각, 디자인 평가 및 디자인 태도가 서로 다른 개념인가를 알아보기 위해 문항 모두를 합쳐 요인분석한 결과 총 열 개의 요인이 추출되었다. 이 결과 변수별 개별 요인분석과 다르게 범주화된 네 개의 요소를 제거한 후 다시 한 번 요인분석을 하였다. 그리고 확인적 요인분석을 통해 디자인 지각과 디자인 평가의 최종적인 요인 구조를 추출하였다.

표본

예비 연구에서는 95명의 대학생들이 심층면접에 참여하였고, 본연구는 대학생 297명(남자 51%, 여자 49%; 평균연령 20.7세)의 사례를 분석하였다.

신뢰도와 타당도

최종 요인분석 결과, 디자인 지각은 세 개 요인의 13개 문항으로 구성되었으며 전체 변량의 49.53%를 설명하였다. 요인 1은 윤(고유값 3.84, 설명변량 29.54%, α=.76), 요인 2는 색(고유값 1.64, 설명변량 12.63%, α=.77), 요인 3은 크기(고유값 .96, 설명변량 7.36%, α=.83)다. 디자인 평가는 네 개 요인의 17개 문항으로 구성되었으며 전체 변량의 66.21%를 설명하였다. 요인 1은 독특성(고유값 3.34, 설명변량 19.57%, α=.94), 요인 2는 현대성(고유값 3.07, 설명변량 18.08%, α=.84), 요인 3은 서구성(고유값 2.77, 설명변량 16.28%, α=.84), 요인 4는 품격(고유값 2.09, 설명변량 12.28%, α=.82)이다. 디자인 태도는 세 개의 문항이 하나의 요인에 모두 묶였다(고유값 2.39, 설명변량 79.50%, α=.92). 또한 제품 평가는 세 개 요인의 13개 문항으로 구성되었으며 전체 변량의 67.64%를 설명하였다. 요인 1은 편리성(고유값 5.43, 설명변량 41.79%, α=.87), 요인 2는 고급성(고유값 2.60, 설명변량 20.00%, α=.90), 요인 3은 기능성(고유값 .76, 설명변량 5.85%, α=.87)이다. 마지막으로 제품 태도는 세 개의 문항이 하나의 요인에 모두 묶였다(고유값 2.14, 설명변량 71.45%, α=.88).

출처

성영신, 정수정 (2003). 신기술 제품 디자인에 대한 소비자 반응 연구. 한국심리학회지: 소비자·광고, 4(1), 1-23.

참고문헌

해당 자료 없음.

척도문항

〈디자인 지각〉

요인 1: 윤

1. 윤이 난다
2. 매끈매끈하다
3. 광택이 있다
4. 곱다

27. 지성적이다

요인 4: 품격

28. 귀족적이다
29. 고급스럽다
30. 우아하다

요인 2: 색

5. 유채색이다
6. 원색이다
7. 또렷하다
8. 밝다
9. 다색이다

요인 3: 크기

10. 작다
11. 좁다
12. 짧다
13. 얇다

〈디자인 평가〉

요인 1: 독특성

14. 생소하다
15. 낯설다
16. 새롭다
17. 희귀하다

요인 2: 현대성

18. 현대적이다
19. 모던하다
20. 미래지향적이다
21. 젊다
22. 신선하다

요인 3: 서구성

23. 도회적이다
24. 인공적이다
25. 냉철하다
26. 서구적이다

〈디자인 태도〉

31. 멋지다
32. 세련됐다
33. 좋다

〈제품 평가〉

요인 1: 편리성

34. 사용하기 편하다
35. 착용하기 편하다
36. 안전한 제품이다
37. 견고하다
38. 시스템이 안정적이다

요인 2: 고급성

39. 가격이 비싸다
40. 고급형 모델이다
41. 최신 모델이다
42. 유명 브랜드다

요인 3: 기능성

43. 화질이 좋다
44. 음질이 좋다
45. 화면이 넓다
46. 기능이 다양하다

〈제품 태도〉

47. 좋다
48. 마음에 든다
49. 흥미롭다

제5장

웹 관련 척도

1 웹 탐색 능력 척도
2 웹 태도 척도
3 웹사이트 태도 척도
4 웹 접속 동기화 척도
5 웹 접속의 시간 지체도 척도
6 웹 접속 행동 척도
7 웹사이트 평가 차원 척도

1 웹 탐색 능력 척도

구성개념

웹 탐색 능력이란 웹 이용자의 능력이나 기술(Novak, Hoffman, & Yung, 1998; 황용석, 1998)과 같은 객관적 측면과 웹 이용자의 자신감(Novak, Hoffman, & Yung, 1998; Schmidt & Spreng, 1996; Titus & Everret, 1995)과 같은 주관적 측면을 포함하는 것으로 보았다.

기술

다섯 개 문항으로 구성된 4점 척도다.

개발

해당 자료 없음.

표본

6개 대학(고려대, 강원대, 국민대, 단국대, 동국대, 경원대)의 대학생 890명이 조사에 참여하였고, 불성실한 응답자를 제외한 유효 응답자는 864명으로 남자가 501명, 여자가 363명이었다.

신뢰도와 타당도

내적 일치도 계수인 Cronbach의 α=.86이다.

출처

강미선 (2001). 웹 주소 광고의 심리적 · 행동적 효과: 소비자 요인이 웹 접속 행동에 미치는 영향을 중심으로. 광고학연구, 12(1), 7-36.

참고문헌

황용석 (1998). 웹 이용 과정에서 플로우 형성에 관한 이론적 모델 연구. 성균관대학교 대학원 박사학위 청구논문.

Novak, T. P., Hoffman, D. L., & Yung, Y. F. (1998). Measuring the flow construct on online environments: A structural modeling approach. [http://ecommerce.vanderbilt.edu/papers/folw.construct/measuring_flow_construct.html.]

Chen, Q., & Wells, D. W. (1999). Attitude toward the site. *Journal of Advertising Research, 39*(5), 27-37.

Schmidt, J. B., & Spreng, R. A. (1996). A proposed model of external consumer information search. *Journal of the Academy of Marketing Science, 24*(3), 246-256.

Titus, P. A., & Everret, P. P. (1995). The consumer retail search process: A conceptual model and research agenda. *Journal of the Academy of Marketing Science, 23*(2), 106-119.

척도문항

1. 웹에서 소프트웨어를 다운받는 것은 나에게 쉬운 일이다.
2. 나는 야후, 알타비스타, 인포시크 등 검색 엔진의 특징을 잘 알고 있다.
3. 나는 넷스케이프나 익스플로러 같은 프로그램의 기능을 잘 알고 있다.
4. 나는 웹에 접속하여 원하는 것을 찾을 자신이 있다.
5. 나는 웹에 대해 남보다 많이 알고 있다고 생각한다.

2 웹 태도 척도

구성개념

Chen과 Wells(1999)가 정의한 웹사이트 태도 개념을 참고로 하여 웹 태도를 '평소 자연스러운 노출 상황에서 웹에 대해 호의적이거나 비호의적으로 반응하는 웹 이용자의 선호 경향'으로 정의하였다.

기술

세 개 문항으로 구성된 4점 척도다.

개발

Chen과 Wells(1999)의 연구를 기초로 하였다.

표본

6개 대학(고려대, 강원대, 국민대, 단국대, 동국대, 경원대)의 대학생 890명이 조사에 참여하였고, 불성실한 응답자를 제외한 유효 응답자는 864명으로 남자가 501명, 여자가 363명이었다.

신뢰도와 타당도

내적 일치도 계수인 Cronbach의 $\alpha=.79$다.

출처

강미선 (2001). 웹 주소 광고의 심리적 · 행동적 효과: 소비자 요인이 웹 접속 행동에 미치는 영향을 중심으로. **광고학연구**, 12(1), 7-36.

참고문헌

Chen, Q., & Wells, D. W. (1999). Attitude toward the site. *Journal of Advertising Research, 39*(5), 27-37.

척도문항

1. 웹이라는 새로운 매체를 좋아한다.
2. 웹이라는 새로운 매체를 긍정적으로 생각한다.
3. 웹이라는 새로운 매체는 유용하다.

3 웹사이트 태도 척도

구성개념

웹사이트 태도는 '광고 메시지상에서 표현된 사이트의 여러 속성이나 혜택, 특징, 분위기와 관련하여 소비자가 가지게 되는 사이트에 대한 기대감'으로 정의하였다. 웹사이트 태도에 대해 웹사이트에 대한 평가적 반응이라고 하지 않고 '기대감'이라는 다소 막연한 용어를 사용한 것은 소비자에 따라 사이트에 대한 직접 경험(접속 및 이용 경험)이 없는 경우를 감안하였기 때문이다.

기술

세 개 항목으로 구성된 4점 척도다.

개발

해당 자료 없음.

표본

6개 대학(고려대, 강원대, 국민대, 단국대, 동국대, 경원대)의 대학생 890명이 조사에 참여하였고, 불성실한 응답자를 제외한 유효 응답자는 864명으로 남자가 501명, 여자가 363명이었다.

신뢰도와 타당도

내적 일치도 계수인 Cronbach의 α=.73이다.

출처

강미선 (2001). 웹 주소 광고의 심리적 · 행동적 효과: 소비자 요인이 웹 접속 행동에 미치는 영향을 중심으로. **광고학연구**, 12(1), 7-36.

참고문헌

해당 자료 없음.

척도문항

1. 사이트에 호감이 갔다.
2. 사이트에 대해 긍정적으로 생각했다.
3. 사이트가 흥미로웠다.

4 웹 접속 동기화 척도

구성개념

웹 접속 동기화란 소비자가 웹 주소 광고에 노출된 후 웹에 접속하여 무엇인가를 얻고자 하는 의도성과 목적성을 가진 내재적 욕구를 말한다.

기술

여덟 개 항목으로 구성된 4점 척도다. 1, 2, 4, 5, 6번 문항은 이성적/정보적 동기에 의한 것이고, 3, 7, 8번 문항은 감성적/오락적 동기에 의한 것이다. 또한 5, 6, 7번 문항은 지속적 관여도의 측정 항목으로 볼 수 있다.

개발

FGI 조사 결과와 선행 연구(Babin, Darden, & Griffin, 1994; Cacioppo & Petty, 1982; Zaichkowsky, 1985; 한국광고단체연합회, 1999; 황용석, 1998)를 토대로 척도를 구성하였다.

표본

6개 대학(고려대, 강원대, 국민대, 단국대, 동국대, 경원대)의 대학생 890명이 조사에 참여하였고, 불성실한 응답자를 제외한 유효 응답자는 864명으로 남자가 501명, 여자가 363명이었다.

신뢰도와 타당도

신뢰도 검증 결과 처음 여덟 개 변인에서 내적 일치도(α) 값이 낮은 세 개 항목을 제거하여 다섯 개 변인이 추출되었다. 이들 다섯 개 변인으로 요인분석을 실시하여 요인 적재치가 .50에 미달하는 제품 구매 동기를 제외하였고, 1, 5, 6, 7번의 네 개 변인으로 다시 요인분석을 실시한 결과, 설명변량이 45.4%였다. 이들 네 개 변인의 내적 일치도(α)는 .58이었다.

출처

강미선 (2001). 웹 주소 광고의 심리적 · 행동적 효과: 소비자 요인이 웹 접속 행동에 미치는 영향을 중심으로. **광고학연구**, 12(1), 7-36.

참고문헌

한국광고단체연합회 (1999). 99 Spring KNP 보고서. [http://knp.adic.co.kr]

황용석 (1998). **웹 이용 과정에서 플로우 형성에 관한 이론적 모델 연구**. 성균관대학교 대학원 박사학위 청구논문.

Babin, B. J., Darden, W. R., & Griffin, M. (1994). Work and/or fun: Measuring hedonic and utilitarian shopping values. *Journal of Consumer Research, 20*(4), 644-656.

Cacioppo, J. T., & Petty, R. E. (1982). The need for cognition. *Journal of Personality and Social Psychology, 42*, 116-131.

Zaichkowsky, J. L. (1985). Measuring the involvement construct. *Journal of Consumer Research, 12*(3), 341-352.

척도문항

1. 제품(또는 사이트)에 대해 자세히 알아보기 위하여
2. 제품 구매를 위하여
3. 사이트에 호기심(또는 기대감)이 생겼기 때문에
4. 내가 알고 있는 기존 사이트의 단점을 보완해 줄 것 같아서
5. 웹사이트가 좋은 콘텐츠나 서비스를 제공해 줄 것 같아서
6. 웹사이트가 나에게 실질적인 도움을 줄 것 같아서(예: 정보 검색, 파일 다운 등)
7. 웹사이트의 성격이 나의 관심 분야(취미)와 일치하기 때문에
8. 웹 주소가 특이하거나 재미있어서

5 웹 접속의 시간 지체도 척도

구성개념

웹 접속의 시간 지체도는 소비자가 웹 주소 광고에 노출된 후 웹에 접속하기까지 경과한 시간으로 개념화하였다.

기술

두 개의 개방형 질문으로 구성되었다.

개발

해당 자료 없음.

표본

6개 대학(고려대, 강원대, 국민대, 단국대, 동국대, 경원대)의 대학생 890명이 조사에 참여하였고, 불성실한 응답자를 제외한 유효 응답자는 864명으로 남자가 501명, 여자가 363명이었다.

신뢰도와 타당도

해당 자료 없음.

출처

강미선 (2001). 웹 주소 광고의 심리적 · 행동적 효과: 소비자 요인이 웹 접속 행동에 미치는 영향을 중심으로. 광고학연구, 12(1), 7-36.

참고문헌

해당 자료 없음.

척도문항

1. 가장 최근에 웹 주소 광고에 노출된 후 웹에 접속하기까지 경과된 시간은?
2. 평소에 웹 주소 광고 노출 이후 웹에 접속하기까지 경과되는 시간은?

6 웹 접속 행동 척도

구성개념

웹 접속 행동이란 대중매체 광고에 포함된 웹 주소를 보고 나서 해당 웹사이트에 접속하는 행위 자체를 의미한다. 여기서 대중매체 광고란 TV, 라디오, 신문, 잡지의 4대 매체 이외에도 지하철 광고, 옥외광고, 극장 광고를 포함한다. 단, 인터넷 광고는 제외한다.

기술

네 개의 개방형 질문으로 구성되어 있다.

개발

Clancy(2000)의 척도를 기초로 온라인 설문조사를 통하여 개발하였다.

표본

6개 대학(고려대, 강원대, 국민대, 단국대, 동국대, 경원대)의 대학생 890명이 조사에 참여하였고, 불성실한 응답자를 제외한 유효 응답자는 864명으로 남자가 501명, 여자가 363명이었다.

신뢰도와 타당도

웹 접속 횟수(두 개 문항)의 내적 일치도(α)는 .77이다.

출처

강미선 (2001). 웹 주소 광고의 심리적·행동적 효과: 소비자 요인이 웹 접속 행동에 미치는 영향을 중심으로. **광고학연구**, 12(1), 7-36.

참고문헌

Clancy, M. (2000). The TV/PC connection. *Worldwide Electronic and Broadcast Audience Research Conference*. 5.7.~5.9.ARF.ESOMAR.

척도문항

1. 지난 한 달 동안 대중매체 광고를 통해 웹사이트에 접속한 경험은 모두 몇 번인가?

한 달에 한 번 이상 웹에 접속한다면

2. 가장 최근에 웹 주소 광고를 보고 웹에 접속한 것은 오늘(조사 시점)로부터 며칠 전인가?
3. 가장 최근에 방문한 웹사이트는 어디인가?
4. 평소 대중매체 광고를 보고 나서 웹에 접속하는 경우는 얼마나 되는가?

7 웹사이트 평가 차원 척도

구성개념

철저하게 네티즌의 시각에서 웹사이트를 평가한 연구는 매우 부족하다(성영신, 정수정, 장세욱, 2001). 이에 관해 연구한 몇몇 웹사이트 평가자와 평가 차원은 다음과 같다.

연구자	평가자	평가 차원
김명옥(2000)	네티즌	몰입성, 신선도, 은유성, 일관성, 명쾌성, 조직성, 위치성, 간결성, 이해성
김승운, 강희택(1999)	네티즌	일반 정보 유형, 제품 서비스 정보 유형, 정보의 최신성, 정보의 신뢰성, 상호작용, 시스템 품질, 시스템 기능, 설계, 항해, 유희성
이상규(2000)	전문가 네티즌	고객 지향성, 신뢰성, 접근의 편이성, 외향성, 독창성
홍일유, 정부현(2000)	전문가 네티즌	디자인, 비즈니스 기능, 신뢰감, 인터페이스, 기술, 커뮤니티 등
Alpar(1999)	네티즌	이용의 편이성, 정보 내용, 상호작용성
Ho(1997)	전문가 네티즌	기업의 목적(제품과 서비스의 촉진, 자료와 정보의 제공, 거래 과정)과 이용자에게 제공하는 가치(시기 적절성, 방문자의 선호, 이용자의 편리, 감각적 가치)
Ho & Wu(1999)	네티즌	유통 지원, 기술적 특성, 정보 특성, 홈페이지 디자인(presentation), 제품 특성
Zhang & von Dran(2000)	네티즌	동기 요인(즐거움, 인지적 결과, 신뢰성, 시각적 외양, 이용자 권한, 정보의 조직화)과 위생 요인(기술적 측면, 항해, 보안, 서핑 활동, 공정성, 정보 내용)

기술

38개 문항으로 구성된 5점 척도다.

개발

조사 문항을 얻기 위해 기존 연구의 개관과 더불어 에세이(essay) 조사와 다이어리(diary) 조사를 실시하였다. 에세이 조사와 다이어리 조사 결과를 분석하여 15개 웹사이트의 구성 속성을 추출하였다. 추출한 웹사이트의 구성 속성은 내용(contents)과 시스템(system)의 두 가지로 분류했다. 이를 토대로 최종 44개 웹사이트의 구성 속성 측정 문항을 제작하였다. 웹사이트 구성 문항들이 어떠한 방식으로 상위 구성 요인들로 범주화되는지 알아보기 위해 수집된 자료를 요인분석(주축 요인분석, 사교회전)하였다. 그다음 요인부하량과 요인별 신뢰도를 점검하여 여섯 개의 문항을 제외한 38개의 문항에 대해 열 개의 웹사이트 구성 요소를 확인하였다.

표본

에세이 조사와 다이어리 조사는 K대학 인터넷 심리학 수강생 각각 20명씩 대상으로 하였다. 웹서베이는 응답한 전체 네티즌 22,788명 중 12,674명의 사례를 분석하였다(남자 36.3%, 여자 63.7%; 10대 47.4%, 20대 45.3%, 30대 이상 7.2%; 평균 연령 21세).

신뢰도와 타당도

이 척도의 신뢰도는 보고되지 않았다. 웹사이트의 구성 속성 평가 문항을 요인분석한 결과 추출된 열 개의 요인은 다음과 같다. 요인 1은 안정성(고유값 10.182, 설명변량 26.107%), 요인 2는 광고(고유값 2.866, 설명변량 7.366%), 요인 3은 정보량(고유값 1.938, 설명변량 4.969%), 요인 4는 시각적 구성(고유값 1.714, 설명변량 4.394%), 요인 5는 피드백(고유값 1.617, 설명변량 4.147%), 요인 6은 링크 사이트(고유값 1.324, 설명변량 3.394%), 요인 7은 그림 활용(고유값 .985, 설명변량 2.525%), 요인 8은 업데이트(고유값 .785, 설명변량 2.013%), 요인 9는 정보 희소성(고유값 .660, 설명변량 1.692%), 그리고 요인 10은 참여 공간(고유값 .637, 설명변량

1.634%)이다.

출처

성영신, 정수정, 장세욱 (2001). 네티즌은 웹사이트를 평가할 때 무엇을 중요시하는가. 한국심리학회지: 소비자·광고, 2(2), 101-123.

참고문헌

김명옥 (2000). 정보 제공형 웹사이트 사용자 인터페이스 평가에 관한 연구: 사무관리자 성별 간 비교 실증분석. 비서학총론, 9(2), 5-26.

김승운, 강희택 (1999). 기업 웹사이트 평가요인에 관한 연구. 한국정보전략학회지, 2(1), 262-289.

이상규 (2000). 인터넷 기업의 서비스 품질 척도 개발에 관한 연구. 고려대학교 일반대학원 석사학위 청구논문.

홍일유, 정부현 (2000). 인터넷 웹사이트의 포괄적 평가모형에 관한 연구. [http://www.buheon.pe.kr/WebEv/abs_html/webev_abs.htm]

Alpar, P. (1999). Satisfaction with a Web Site: Its measurement, factors, and correlates. *Working Paper*.

Ho, J. (1997). A global study of commercial Web Site. *Journal of Computer-mediated Communication, 3*(1).

Ho, C. F., & Wu, W. H. (1999). A antecedents of customer satisfaction on the internet: An empirical study of online shopping. *Proceedings of the 32nd Hawaii International Conference on System Sciences*, 1-9.

Zhang, P., & von Dran, G. M. (2000). Satisfiers and dissatisfiers: Two-factor model for website design and evaluation, *Journal of the American Society for Information Science. 51*(14), 1253-1268.

척도문항

요인 1: 안정성

1. 언제든지 접속이 잘된다.
2. 로그인이 항상 잘된다.
3. 창이 뜨는 속도가 빠르다.
4. 글이나 자료의 업로드가 잘된다.
5. 다운로드 속도가 빠르다.
6. 자료를 다운받을 때 끊기지 않는다.

요인 2: 광고(r)

7. 광고물이 차지하는 공간이 크다.
8. 이 웹사이트에는 광고물의 수가 많다.
9. 이 웹사이트에는 계속해서 광고창이 뜬다.

요인 3: 정보량

10. 이 웹사이트에는 정보가 많다.
11. 이 웹사이트에는 다양한 정보가 있다.
12. 이 웹사이트에는 특정 주제에 관한 정보가 모두 담겨 있다.
13. 이 웹사이트에는 주로 최신 정보가 있다.

요인 4: 시각적 구성

14. 웹사이트의 색 구성이 조화롭다.
15. 웹사이트의 시각적 구성이 근사하다.
16. 웹사이트의 그래픽이 세련됐다.
17. 웹사이트의 색상이 눈에 피로를 주지 않는다.
18. 콘텐츠의 배치가 보기에 편리하다.

요인 5: 피드백

19. 웹마스터가 네티즌의 질문에 성의 있게 응답한다.
20. 웹마스터가 게시판의 질문에 신속하게 응답해 준다.
21. 웹마스터가 이용자의 질문에 이메일로 신속하게 응답해 준다.
22. 이 웹사이트의 게시판과 방명록에 올린 의견이 웹사이트 운영에 잘 반영되고 있다.

* (r)은 역채점 요인임.

요인 6: 링크 사이트

23. 다양한 종류의 웹사이트들이 링크되어 있다.
24. 링크 사이트들이 잘 분류되어 있다.
25. 이 웹사이트에는 많은 웹사이트들을 링크하고 있다.
26. 꼭 필요한 웹사이트들이 링크되어 있다.

요인 7: 그림 활용

27. 그림(도표, 그래프, 사진 등)은 정보를 이해하는 데 도움이 된다.
28. 그림(도표, 그래프, 사진 등)이 많다.
29. 콘텐츠가 체계적으로 잘 분류되어 있다.

요인 8: 업데이트

30. 그래픽이나 디자인 등을 자주 업데이트한다.
31. 다른 웹사이트와의 링크가 자주 업데이트된다.
32. 이 웹사이트는 콘텐츠를 자주 업데이트한다.

요인 9: 정보 희소성

33. 이 웹사이트에 있는 정보는 다른 웹사이트에서는 구하기 힘들다.
34. 이 웹사이트에 있는 정보는 인터넷이 아닌 곳에서는 구하기 힘들다.
35. 이 웹사이트에 있는 정보는 정확하다.

요인 10: 참여 공간

36. 이 웹사이트에는 의견을 제시할 수 있는 공간(게시판, 방명록 등)이 많다.
37. 이 웹사이트에는 커뮤니티 활동을 할 수 있는 공간이 많다.
38. 이 웹사이트를 통해 다른 네티즌의 의견(제품 사용 소감, 영화평, 레스토랑 추천 등)을 참조할 수 있다.

제6장

인터넷 관련 척도

1 인터넷 광고에 대한 평가 척도

구성개념

인터넷 광고에 대한 평가란 인터넷 광고에 대한 수용자들의 일반적인 평가를 말한다.

기술

총 16개 문항으로 구성되어 있다(척도점에 관해서는 보고되지 않았음).

개발

Ducoffe(1996)가 개발한 척도를 번안하여 사용하였다.

표본

피험자는 한국 대학생 100명과 미국 대학생 100명을 대상으로 하였다.

신뢰도와 타당도

해당 자료 없음.

출처

양영종 (2003). 윤리적 가치관에 따른 인터넷 광고에 대한 수용자 평가 차이—한국 대학생과 미국 대학생을 중심으로. **광고연구, 61**, 207-235.

참고문헌

Ducoffe, R. H. (1996). Advertising value and advertising on the Web. *Journal of Advertising Research, 36*, 21-35.

척도문항

1. 인터넷 광고는 적당한 제품의 정보를 제공한다.
2. 제품에 관한 정보를 쉽게 제공한다.
3. 인터넷 광고를 통해 나와 기업 간에 쌍방향 정보를 교환할 수 있다.
4. 인터넷 광고를 통해 제품의 정보를 편리하게 얻을 수 있다.
5. 최신의 정보를 제공한다.
6. 인터넷 광고는 나(소비자)를 현혹시킨다.
7. 가치가 있다.
8. 필요한 시기에 만족을 준다.
9. 인터넷 광고는 나에게 중요하다.
10. 우리 생활에 유익하다.
11. 흥미가 생긴다.
12. 혼돈을 초래한다.
13. 인터넷 광고에는 과장된 내용이 많다.
14. 인터넷 광고는 나(소비자)를 귀찮게 한다.
15. 불필요한 것을 갖고 싶게 한다.
16. 인터넷 광고는 나(소비자)를 짜증나게 한다.

2 인터넷 방송 서비스 품질 척도

구성개념

기존의 전통적인 서비스 품질 연구에 정보 시스템 측면의 품질 연구를 보완하여 인터넷 방송에서의 서비스 품질에 대한 평가 척도를 제시하였다. 서비스 품질이란 소비자가 특정 서비스에 대한 경험을 토대로 내리는 사후적 평가로서 서비스 만족도의 개념과 유사하다(Parasumaran, Zeithaml, & Berry, 1988).

기술

32개 항목으로 구성된 7점 Likert 척도다. 정보, 디자인 심미성, 시스템 인터페이스, 신뢰성, 의사소통 및 시스템 안정성의 여섯 개 서비스 품질 요인을 밝혀냈다.

개발

기존의 SERVQUAL, 소매점 SERVQUAL, PQISS(Perceived Quality of an Internet Shopping Sites), PUEU(Perceived Usefulness and Ease Use), QUIS(Questionnaire for User Interface Satisfaction), IQ(Information Quality), 사이트 기술 혁신성 및 플로, 커뮤니티 서비스, 소비자 신뢰성을 검토하여 32개 항목을 추출하였다.

표본

인터넷 종합방송과 성인방송 20개 업체를 선정하여 최근 6개월간 해당 인터넷 방송 사이트에서 2회 이상 방송을 시청한 경험이 있는 시청자 5,307명을 대상으로 하였다. 포털 사이트에 배너 광고를 올려놓고 경품을 걸어 응답자를 모집하였다. 응답자들의 성별 분포는 남자 73.3%, 여자 26.7%였고, 연령별로는 10대 14.9%, 20대 57.8%, 30대 22.4%, 40대 이상 4.9%였다.

신뢰도와 타당도

탐색적 요인분석 결과, 정보의 신뢰도, 즉 내적 일치도(α)는 .899, 설명변량은 45.54%였다. 디자인 심미성의 신뢰도는 .918, 설명변량은 4.92%, 시스템 인터페이스의 신뢰도는 .871, 설명변량은 4.83%, 신뢰성의 신뢰도는 .872, 설명변량은 4.56%, 의사소통의 신뢰도는 .862, 설병변량은 3.79%, 시스템 안정성의 신뢰도는 .856, 설명변량은 3.27%였다. 예측타당성을 알아보기 위해 인터넷 방송 사이트에 대한 만족도를 종속변인으로 하고 여섯 개의 요인을 독립변인으로 하여 회귀분석한 결과, 여섯 개 요인 모두 만족도에 유의한 영향을 미치고 있는 것으로 나타나서 예측타당성이 확보되었다.

출처

이문규, 이기동, 김해룡 (2001). 인터넷 방송의 서비스 품질에 관한 시청자 평가 측정 도구. **광고학연구**, 12(3), 105-123.

참고문헌

Parasumaran, A., Zeithaml, V. A., & Berry, L. (1988). SERVQUAL: A multiple-item scale for measuring consumer perceptions of service quality. *Journal of Retailing, 64*(1), 12-40.

척도문항

요인 1: 정보

1. 사이트 내용은 나의 호기심을 자극하였다.
2. 사이트를 이용하면서 그 과정에 완전히 몰입하였다.
3. 사이트를 이용하는 것이 재미있었다.
4. 사이트에는 볼 만한 정보가 많이 있다.
5. 이 사이트는 시청자가 원하는 내용을 갖추고 있다.
6. 사이트에서 제공하는 내용은 주위 사람들에게 좋은 평판을 얻고 있다.
7. 내가 들이는 시간과 노력에 비해서 사이트를 통해 원하는 내용을 쉽게 얻을 수 있다.
8. 이 사이트에서는 내가 가고 싶은 곳은 어느 곳이든 갈 수 있다.

요인 2: 디자인 심미성

9. 사이트의 배경색 또는 배경 그림이 적절하다.
10. 사이트의 전체적인 컬러의 사용이 자연스럽다.
11. 사이트의 그래픽(아이콘, 이미지 등) 양이 적절하다.
12. 사이트의 전체적인 분위기나 화면이 조화롭다.
13. 사이트의 시각적 효과가 좋다.

요인 3: 시스템 인터페이스

14. 이 사이트에서는 현 위치를 파악하는 것이 용이하다.
15. 사이트에서 다음 페이지로 이동하기 전에 어떠한 내용이 나올지에 관해 예측이 가능하다.
16. 이 사이트에서는 사용자가 이동해 온 경로를 쉽게 알 수 있다.
17. 인터넷 방송을 보기 위해 사이트를 이리저리 이동하는 것이 편리하다.
18. 이 사이트에서는 내가 보고자 하는 방송을 쉽게 볼 수 있다.
19. 사이트를 이용함에 있어서 전체 구조를 쉽게 파악할 수 있다.

요인 4: 신뢰성

20. 이 사이트에는 사용자가 안심하고 사용할 수 있도록 안전장치가 마련되어 있다.
21. 이 사이트는 고객 정보에 관하여 철저하게 보안을 유지한다.
22. 이 사이트에서는 최신 기술을 이용하였다.
23. 이 사이트에서는 독특한 기술을 사용하였다.
24. 사이트는 고객과 맺은 약속은 반드시 지킨다.

요인 5: 의사소통

25. 사이트는 사용자 개개인에게 개별적인 관심을 보인다.
26. 사이트는 사용자 간에 의사소통 채널을 제공한다.
27. 사이트는 사용자의 요구나 질문에 신속하게 대응한다.
28. 이 사이트에서는 사용자 간의 의사소통이 원활하다.

요인 6: 시스템 안정성

29. 이 사이트에서 방송을 시청할 때 끊기지 않고 볼 수 있다.
30. 이 사이트에서는 소리와 화면이 잘 일치되어 보인다.
31. 이 사이트에서는 시스템을 안정적으로 이용할 수 있다.
32. 사이트가 매우 일관된 방식으로 운영된다고 생각한다.

3 인터넷 쇼핑 혁신성 척도

구성개념

박재진(2004)은 소비자 혁신성을 범개혁성보다는 특정 분야의 혁신성으로 개념화하였다. 여기서는 구체적으로 인터넷 쇼핑에서의 혁신 정도를 측정하고자 하였다.

기술

네 개 문항으로 구성된 7점 척도다.

개발

Goldsmith(2000, 2001)가 사용한 여섯 개 문항을 원용하였으나, 최종적으로 네 개의 문항으로 척도를 구성하였다.

표본

미국에 소재하고 있는 온라인 조사 및 온라인 마케팅 리서치 전문회사에 등록한 패널들로 구성된 데이터베이스를 통해 4,500명이 무작위 층화 표본방법으로 추출되었고, 최종 설문에 응답한 807명(응답률 17.9%)을 대상으로 하였다(남자 52.5%, 여자 47.5%).

신뢰도와 타당도

여섯 개 문항을 요인분석한 결과 하나의 요인으로 묶였다. 요인부하량이 0.5 이하인 두 개 문항을 제외한 설명변량의 백분율은 66.18%였다. 최종 네 개 문항의 신뢰도, 즉 내적 일치도(α)는 .83이었다.

출처

박재진 (2004). 소비자 혁신성이 온라인 쇼핑 행동에 미치는 영향 – 혁신기술 수용모델을 중심으로. **광고연구**, 63, 79-101.

참고문헌

Goldsmith, R. E. (2000). How innovativeness differentiates online buyers. *Quarterly Journal of Electric Commerce, 1*(4), 323-333.

Goldsmith, R. E. (2001). Using the domain specific innovativeness scale to identify innovative internet consumers. *Internet Research, 11*(2), 149-158.

척도문항

1. 친구들에 비해 나는 인터넷 쇼핑을 적게 한다.
2. 일반적으로 나는 친구들과 비교해 새로운 인터넷 쇼핑몰의 이름에 대해 가장 모르는 편이다.
3. 대개 나는 인터넷을 통해 상품을 구매하는 데 있어 친구들 중에서도 가장 늦은 편에 속한다.
4. 나는 다른 사람들보다 인터넷 쇼핑에 대해서 많이 알고 있다.

4 인터넷 쇼핑 가치 척도

구성개념

인터넷 쇼핑의 경우, 쇼핑 가치는 상황에 따라 실용적 쇼핑 가치와 쾌락적 쇼핑 가치로 구분되지만, 이용 동기적인 측면에서 인터넷 쇼핑은 상점을 통한 전통적인 쇼핑과는 다르다. 즉, 인터넷 쇼핑은 쇼핑 가치의 형태를 구성하는 내용에 있어 쾌락적 쇼핑 가치에 쇼핑의 즐거움 및 재미를 추구하는 오락성은 물론, 인터넷이 갖는 특징적 측면인 정보성이 새로운 가치로 추가되는 등 상점을 대상으로 하는 전통적인 쇼핑 가치와는 다소 차이를 보인다(김화동, 2003).

기술

아홉 개 문항으로 구성된 5점 척도다.

개발

Hoffman과 Novak(1996), 김화동(2003) 등의 연구를 근거로 하여 경제성, 편의성, 오락성, 정보성 등 쇼핑 가치 요소별로 각각 세 개 문항씩 총 12개 문항으로 예비 척도를 구성하였다. 확인적 요인분석 결과 요인부하량이 0.4 이하이거나 모호하게 분산된 세 개의 문항을 제외한 아홉 개의 문항으로 최종 척도를 구성하였다.

표본

남녀 각각 150명을 대상으로 하였으며, 최종 284명의 자료가 분석에 이용되었다.

신뢰도와 타당도

확인적 요인분석 결과 아홉 개 문항이 네 개의 요인으로 묶였다. 요인별 내적 일치도(α)는 경제성이 .83, 편의성이 .76, 오락성이 .80, 그리고 정보성이 .81이었다.

출처

김화동 (2005). 인터넷 쇼핑 시 소비자 쇼핑 가치가 충동구매에 미치는 영향－제품 관여도 및 기업 신뢰도와의 상호작용 측면을 중심으로. **광고연구, 69**, 55-76.

참고문헌

김화동 (2003). 소비자 쇼핑 가치 추구 유형별 인터넷 쇼핑몰의 선호요인 및 구매행동에 관한 연구. **상품학연구**, 29, 259-275.

Hoffman, D. L., & Novak, T. P. (1996). A new marketing paradigm for electron commerce. *The Information Society, Special Issue on Electronic Commerce, 13*(1), 30-39.

척도문항

요인 1: 경제성
1. 보다 저렴하게 상품을 구입할 수 있다.
2. 기존의 가격보다 할인된 가격으로 구입할 수 있다.

요인 2: 편의성
3. 쇼핑 시간 및 노력이 절약된다.
4. 원하는 시간에 쇼핑이 가능하다.

요인 3: 오락성
5. 인터넷 쇼핑 활동이 기분 전환에 도움이 된다.

6. 인터넷 쇼핑 활동이 흥미롭다.

요인 4: 정보성

7. 다양한 상품을 구입할 수 있다.
8. 희귀한 상품을 구입할 수 있다.
9. 원하는 제품을 쉽게 선택할 수 있다.

5 인터넷 인식 척도

구성개념

사이버스페이스에서 인터넷이 행할 수 있는 마케팅 영역, 즉 마케팅 커뮤니케이션 수단으로서의 인터넷에 대한 인식 정도를 파악하기 위해 인터넷에 대한 인식도를 측정하였다.

기술

일곱 개 문항으로 구성된 7점 Likert 척도(① 그렇지 않다 …… ④ 그저 그렇다 …… ⑦ 매우 그렇다)다.

개발

이전의 문헌 연구(Settles, 1995; Zeff & Aronson, 1999)를 기초로 1차 질문지를 완성하고, 광고대행사와 기업체에 근무하는 마케팅/광고 관련 실무자 12명을 대상으로 사전 검증을 통해 완성하였다.

표본

연구에 참여한 피험자는 인터넷상에서 기업의 홈페이지를 구축해 마케팅/광고 활동을 전개하고 있는 실무자 120명과 이들을 광고주로 영입하고 있는 광고대행사 실무자 120명의 총 240명을 대상으로 일대일 면접을 하였다.

신뢰도와 타당도

해당 자료 없음.

출처

김봉현 (2000). 마케팅 커뮤니케이션 수단으로서의 인터넷 매체에 대한 국내 기업들의 활용 실태 연구. **광고학연구**, 11(1), 87-109.

참고문헌

Settles, C. (1995). *Cybermarketing: Essentials for success*. Emeryville, CA: Ziff-Davis Press.

Zeff, R., & Aronson, B. (1999). *Advertising on the internet*. New York: John Wiley & Sons, Inc.

척도문항

1. 내가 속한 회사나 광고주는 마케팅 전략의 일환으로 인터넷을 활용해 왔다.
2. 내가 속한 회사나 광고주는 전체적인 마케팅 부분에서 인터넷을 활용한 마케팅을 회사의 중요한 자산으로 생각한다.
3. 인터넷을 활용한 마케팅은 내가 속한 회사나 광고주에게 경쟁적 이점을 제공해 준다.
4. 내가 속한 회사나 광고주는 향후 인터넷상에서의 웹사이트를 지금보다 더욱 활발히 사용할 것이다.
5. 인터넷과 관련된 지식과 기술의 정도가 채용에 영향을 미치는 기준이 된다.
6. 인터넷상에서의 마케팅 활동은 매체의 낭비를 줄여 준다.
7. 인터넷을 활용한 마케팅 활동은 우리 회사 혹은 광고주의 전반적인 마케팅 효과를 증진시키는 데 도움이 되지 못한다.

6 인터넷의 전략적 중요성에 대한 인식 척도

구성개념

사이버스페이스에서 인터넷이 행할 수 있는 마케팅 영역, 즉 마케팅 커뮤니케이션 수단으로서의 인터넷에 대한 전략적 측면을 파악하기 위해 인터넷에 대한 중요성 정도를 측정하였다.

기술

여덟 개 문항으로 구성된 7점 Likert 척도(① 그렇지 않다 …… ④ 그저 그렇다 …… ⑦ 매우 그렇다)다.

개발

이전의 문헌 연구(Settles, 1995; Zeff & Aronson, 1999)를 기초로 1차 질문지를 완성하고, 광고대행사와 기업체에 근무하는 마케팅/광고 관련 실무자 12명을 대상으로 사전 검증을 통해 완성하였다.

표본

연구에 참여한 피험자는 인터넷상에서 기업의 홈페이지를 구축해 마케팅/광고 활동을 전개하고 있는 실무자 120명과 이들을 광고주로 영입하고 있는 광고대행사 실무자 120명의 총 240명을 대상으로 일대일 면접을 하였다.

신뢰도와 타당도

해당 자료 없음.

출처

김봉현 (2000). 마케팅 커뮤니케이션 수단으로서의 인터넷 매체에 대한 국내 기업들의 활용 실태 연구. **광고학연구**, 11(1), 87-109.

참고문헌

Settles, C. (1995). *Cybermarketing: Essentials for success.* Emeryville, CA: Ziff-Davis Press.

Zeff, R., & Aronson, B. (1999). *Advertising on the internet.* New York: John Wiley & Sons, Inc.

척도문항

1. 인터넷(마케팅)은 직접 반응 촉진의 달성을 위한 중요한 매체다.
2. 인터넷(마케팅)은 시장에 대한 교육의 달성을 위한 중요한 매체다.
3. 인터넷(마케팅)은 상품의 예시 및 유통을 위한 중요한 매체다.
4. 인터넷(마케팅)은 리서치 및 상품 개발을 위한 중요한 매체다.
5. 인터넷(마케팅)은 소비자와의 관계 구축을 위한 중요한 매체다.
6. 인터넷(마케팅)은 소비자의 데이터베이스를 확보하기 위한 중요한 매체다.
7. 광고, PR, SP, DM, 이벤트 등을 포함한 통합적 마케팅 커뮤니케이션 활동에 있어서 인터넷(마케팅)은 중요한 매체다.
8. 인터넷(마케팅)은 기업의 이미지 향상에 있어서 중요한 매체다.

7 인터넷 마케팅 결과에 대한 평가 척도

구성개념

사이버스페이스에서 인터넷이 행할 수 있는 마케팅 영역, 즉 마케팅 커뮤니케이션 수단으로서의 인터넷 마케팅에 대한 결과를 측정하였다.

기술

세 개 문항으로 구성된 7점 Liker 척도(① 그렇지 않다 …… ④ 그저 그렇다 …… ⑦ 매우 그렇다)다.

개발

이전의 문헌 연구(Settles, 1995; Zeff & Aronson, 1999)를 기초로 1차 질문지를 완성하고, 광고대행사와 기업체에 근무하는 마케팅/광고 관련 실무자 12명을 대상으로 사전 검증을 통해 완성하였다.

표본

연구에 참여한 피험자는 인터넷상에서 기업의 홈페이지를 구축해 마케팅/광고 활동을 전개하고 있는 실무자 120명과 이들을 광고주로 영입하고 있는 광고대행사 실무자 120명의 총 240명을 대상으로 일대일 면접을 하였다.

신뢰도와 타당도

해당 자료 없음.

출처

김봉현 (2000). 마케팅 커뮤니케이션 수단으로서의 인터넷 매체에 대한 국내 기업들의 활용 실태 연구. **광고학연구**, 11(1), 87-109.

참고문헌

Settles, C. (1995). *Cybermarketing: Essentials for success*. Emeryville, CA: Ziff-Davis Press.

Zeff, R., & Aronson, B. (1999). *Advertising on the internet*. New York: John Wiley & Sons, Inc.

척도문항

1. 인터넷 마케팅 광고를 통해 회사나 광고주의 커뮤니케이션 목표가 성공적으로 달성되었다.
2. 인터넷상에서의 마케팅/광고 활동은 회사나 광고주의 성공에 상당한 공헌을 하였다.
3. 인터넷상에서의 마케팅/광고 활동으로 향후 오프라인 및 온라인상의 매출 증대가 기대된다.

8-1 인터넷 혁신성 척도

구성개념

Goldsmith와 Hofacker(1991)는 소비자의 혁신성을 "소비자가 관심을 갖고 있는 특정 제품군 내에서 새로운 제품이나 행동을 남보다 먼저 채택하고 학습하는 경향성"이라고 정의하였다. 이러한 정의에 기초하여 인터넷 혁신성을 "인터넷이라는 한정된 분야에 있어 소비자가 다른 사람들보다 먼저 인터넷을 채택하고 이용하는 경향"(강미선, 2001)이라고 정의하였다.

기술

세 개 항목으로 구성된 4점 척도다.

개발

Goldsmith와 Hofacker(1991), 박철(2000)의 연구를 참조하였다.

표본

6개 대학(고려대, 강원대, 국민대, 단국대, 동국대, 경원대)의 대학생 890명이 조사에 참여하였으며, 불성실한 응답자를 제외한 유효 응답자는 864명으로 남자가 501명, 여자가 363명이었다.

신뢰도와 타당도

내적 일치도 계수인 Cronbach의 $\alpha = .74$다.

출처

강미선 (2001). 웹 주소 광고의 심리적 · 행동적 효과: 소비자 요인이 웹 접속 행동에 미치는 영향을 중심으로. 광고학연구, 12(1), 7-36.

참고문헌

박철 (2000). 실물 구매 의도와 인터넷 구매 의도 간의 차이 요인에 관한 실험 연구. 광고연구, 47, 37-60.

Goldsmith, R. E., & Hofacker, C. (1991). Measuring consumer innovativeness. *Journal of the Academy of Marketing Science, 19*(3), 209-222.

척도문항

1. 나는 인터넷을 비교적 먼저 사용한 사람에 속한다.
2. 나는 최신의 웹사이트를 많이 알고 있는 편이다.
3. 나는 새로운 인터넷 사이트가 있으면 방문해 보는 편이다.

8-2 인터넷에 대한 소비자 혁신성 척도

◻ 구성개념

소비자 혁신성이란 다른 사람들에 비해 새로운 생활방식, 제품, 소비 패턴을 상대적으로 먼저 수용하는 정도를 말한다(Hirschman, 1980). 소비자 혁신성은 일반화할 수 있는 소비자 특성이 아니며 특정 영역에 국한된다(Goldsmith & Hofacker, 1991).

◻ 기술

하나의 요인의 네 개 문항으로 구성된 7점 Likert 척도(① 절대 아니다 …… ⑦ 정말 그렇다)다.

◻ 개발

Goldsmith와 Hofacker(1991)의 문항을 번안하여 사용하였다.

◻ 표본

대학생 480명을 조사 대상으로 하였다.

◻ 신뢰도와 타당도

요인분석 결과 네 개의 문항이 모두 하나의 요인으로 묶였으며, 전체 분산의 69.1%를 설명하고 있다. 네 개 문항의 신뢰도, 즉 내적 일치도(α)는 .845다.

출처

박철 (2000). 실물 구매 의도와 인터넷 구매 의도 간의 차이 요인에 관한 실험연구－소비자 특성, 상품 유형, 가격, 상표를 중심으로. **광고연구**, 47, 37-64.

참고문헌

Goldsmith, R. E., & Hofacker, C. (1991). Measuring consumer innovativeness. *Journal of the Academy of Marketing Science, 19*(Summer), 209-221.

Hirschman, E. (1980). Innovativeness, novelty seeking and consumer creativity. *Journal of Consumer Research,* 7(Dec.), 283-295.

척도문항

1. 나는 인터넷을 비교적 먼저 사용한 사람에 속한다.
2. 나는 다른 사람들보다 인터넷 웹사이트에 많이 들어가 본 편이다.
3. 나는 최신의 웹사이트를 많이 알고 있는 편이다.
4. 나는 새로운 웹사이트가 있으면 방문해 보는 편이다.

9 인터넷 홈페이지 평가 척도

◘ 구성개념

최근 NGO(Non Government Organization, 비정부 기구)들이 사회개혁의 핵심적 주체로 부상하면서 성공적인 사회개혁 캠페인을 전개시킨 데는 다양한 요인들이 존재하지만, 그중에서도 특히 인터넷의 등장이 매우 중요한 요인 중의 하나였음을 부인할 수 없다. 인터넷은 쌍방향적이며, 공간적 · 시간적 제약이 없고, 대상 설정이 용이하며, 저렴한 비용으로 운용이 가능하다는 측면에서, 전통적인 매체에서 소외되어 온 NGO의 사회개혁으로 캠페인을 전개시키는 데 유용한 대안 매체로 인식되고 있다.

NGO들은 홈페이지를 통해 그들의 캠페인 내용을 일반 대중들에게 알리고 지지를 획득해야만 한다. 그러기 위해서는 인터넷 홈페이지의 구성요소들이 과학적이고 체계적인 틀을 갖추어야만 한다(김봉철, 2001).

◘ 기술

디자인, 콘텐츠, 네비게이션, 상호작용성의 네 가지 차원이 17개 항목으로 구성된 5점 Likert 척도(⑤ 매우 우수, ④ 우수, ③ 보통, ② 미흡, ① 매우 미흡)다. 전문가 다섯 명의 평가 중 평가의 편향(bias)을 최소화하기 위해 최고 점수와 최하 점수로 평가한 두 명의 점수를 제외한 나머지 세 명의 점수를 합해 평균으로 환산하였다.

개발

해당 자료 없음.

표본

전국적인 규모의 NGO들 중 20개의 단체를 임의로 추출하여 평가하였다.

신뢰도와 타당도

해당 자료 없음.

출처

김봉철(2001). 시민단체(NGO)들의 인터넷 홈페이지 구성요소 평가에 관한 연구. 광고학 연구, 12(3), 81-104.

참고문헌

해당 자료 없음.

척도문항

디자인 차원

1. 홈페이지 구성 요소의 크기와 위치 등 전체적인 레이아웃이 적절한가? (레이아웃)
2. 홈페이지에 NGO만의 독특한 특징이 나타나는가? (독특성)
3. 페이지 간 디자인이 일관성 있게 구성되어 있는가? (일관성/통일성)
4. 아이콘, 그림, 메뉴 등이 전달하고자 하는 정보를 적절하게 상징하고 있는가? (상징성)

콘텐츠 차원

5. 정보의 양과 종류가 다양한가? (다양성)
6. 정보의 갱신 주기가 짧고 신속하며 정기적으로 이루어지는가? (신속성)
7. 정보가 읽기 쉽고 이해하기 쉬운가? (이해성)
8. 멀티미디어적 요소를 활용하여 정보를 제공하는가? (제공/가능 형태)

네비게이션 차원

9. 정보를 찾기 위한 탐색 기능이 잘 갖추어져 있는가? (검색/탐색 기능)
10. 홈페이지 내에서의 이동이 편리한가? (연결성/이동성)
11. 다른 사이트로의 이동이 편리한가? (링크)
12. 전체 구조를 한눈에 볼 수 있는 사이트 맵을 제공하는가? (사이트 맵)
13. 홈페이지 내에서 현재 위치의 파악이 가능한가? (위치 파악)
14. 한 페이지에 담긴 정보가 많을 경우 페이지 내에서 타깃 태그(Target Tag) 등을 사용하는가? (목차 제공)

상호작용성 차원

15. 홈페이지에 사이트 관리자나 관계자의 이메일이 잘 제공되어 있는가? (이메일)
16. 방문자의 의견을 개진할 만한 게시판이 잘 제공되어 있는가? (게시판)
17. 자주 요청되는 질문들에 대한 답을 잘해 주는가? (FAQ)

10 인터넷 쇼핑몰 지각 척도

구성개념

어떤 소비자가 많은 상점의 이름과 그 위치를 정확히 알고 있고 그곳에 가는 방법에 대해서 잘 알고 있다면 그렇지 못한 소비자와는 다른 방식으로 상점을 찾아갈 것이다(Satio & Ohmura, 1998; Choo, Deltor, & Turnbull, 1999). 마찬가지로 제품에 대해서 사전에 많이 알고 있다거나 특정 제품에 대한 구매 의욕이 강한 소비자는 그렇지 않은 소비자와 비교해 구입 장소에 대한 정보와 그곳을 찾아가는 방식에서 차이가 날 수 있다. 이와 같은 개인차는 인터넷 쇼핑몰 검색 행동에도 적용된다고 볼 수 있다.

기술

29개 문항으로 구성된 5점 Likert 척도다.

개발

인터넷 쇼핑몰에 대한 소비자들의 지각이 어떠한지를 알아보기 위해 이용호, 김은, 김진우(1998), 김상용과 박성용(1999)의 연구를 참조하였고, 추가적으로 인터넷 쇼핑의 심리적 · 사회적 · 경제적 측면에 관한 질문을 구성하였다.

표본

1999년 9월 27～29일에 포털 사이트 (주)다음커뮤니케이션을 방문하여 설문에 응답한 사람은 총 2,907명이었다. 이 중 중복 응답자 38명을 제외한 2,869명(남자 1,434명, 여자 1,435명)을 대상으로 자료를 분석하였다.

신뢰도와 타당도

ITC(Item-Total Correlation)가 .30 이상인 문항을 기준으로 문항분석을 실시한 결과 29개 문항을 여섯 개의 요인으로 제한하여 주축 요인분석을 실시하였다. 요인 1은 판촉 활동(설명변량 10.146%, α=.804) 요인 2는 심미성(설명변량 9.012%, α=.825), 요인 3은 편리성(설명변량 7.482%, α=.751), 요인 4는 유명도(설명변량 5.616%, α=.728), 요인 5는 상호작용성(설명변량 5.499%, α=.610), 요인 6은 제품 정보 제공(설명변량 4.857%, α=.621)이다.

출처

성영신, 강정석 (2000). 인터넷 쇼핑과 쇼핑몰에 대한 소비자의 지각. 광고학연구, 11(2), 7-34.

참고문헌

김상용, 박성용 (1999). 전자상거래에서의 혜택요인과 위험요인에 따른 실제 및 잠재 소비자에 대한 연구. 소비자학 연구, 10(13), 45-66.

이용호, 김은, 김진우 (1998). EC 환경하에서의 소비자 행태 분석에 관한 연구. 한국전산원.

Choo, C. W., Deltor, B., & Turnbell, D. (1999). Information seeking on the Web: An integrated model of browsing and searching. [http://choo.fis. utoronto.ca/FIS/ResPub/asis99/default.htm.]

Satio, M., & Ohmura, K. (1998). A cognitive model for searching for ill-defined targets on the Web: The relationship between search strategies and user satisfaction. [http://www.acm.org/pubs/citayions/proceedings/ir/290941/p155-satio/]

척도문항

요인 1: 판촉 활동

1. 다양한 생활 정보를 제공한다.
2. 인터넷 광고를 한다.
3. TV 광고, 인쇄 광고를 한다.
4. 이메일로 제품 정보를 제공한다.
5. 추가 정보 기능(FAQ)이 있다.
6. 혜택(쿠폰)이 다양하다.
7. 이벤트/경품이 다양하다.
8. 구경거리가 풍부하다.

요인 2: 심미성

9. 디자인이 보기 좋다.
10. 디자인이 깔끔하다.
11. 홈페이지의 색상이 세련되었다.
12. 그래픽/그림이 생생하다.
13. 홈페이지의 파악이 용이하다.

요인 3: 편리성

14. 검색어 이용이 용이하다.
15. 제품을 적절히 분류하였다.
16. 제품에 관한 설명이 자세하다.
17. 최신 제품에 대한 정보가 있다.
18. 제품이 다양하다.

요인 4: 유명도

19. 인지도가 높다.
20. 많은 사람들이 추천한다.
21. 검색 엔진에서 쉽게 찾는다.

요인 5: 상호작용성

22. 배달 여부의 확인이 용이하다.
23. 환불이 용이하다.
24. 운영자의 응답이 빠르다.
25. 전송 속도가 빠르다.

요인 6: 제품 정보 제공*

26. 사진과 그림이 없다.
27. 사진과 그림이 작다.
28. 배경 색상이 단조롭다.
29. 그래픽이 산만하다.

* *표는 역채점 항목임.

11 인터넷 쇼핑 지각 척도

구성개념

인터넷 쇼핑에 대한 소비자의 지각은 크게 경제적 · 사회적 · 심리적 측면으로 구분할 수 있다. 소비자는 인터넷 쇼핑이 실제 쇼핑에 비해 가격이 저렴한지 등에 대해 지각할 것이다. 심리적 측면에서는 인터넷 쇼핑이 실제 쇼핑보다 시간이 절약되고 편하지만, 컴퓨터와 인터넷에 대해 잘 알고 있어야 하기 때문에 쇼핑 절차가 어렵다고 생각할 수 있으며, 또 거래 과정이 가시적이지 않기 때문에 불안할 수도 있다. 이 외에 인터넷으로 물건을 사는 것은 비교적 첨단의 라이프 스타일이므로 인터넷 쇼핑이 사회적으로 멋진 행위라고 지각될 수 있다. 이러한 세 가지 측면에서 소비자가 인터넷 쇼핑에 대하여 얼마만큼 긍정적이거나 부정적으로 지각하는가 하는 것은 곧 쇼핑 행위로 연결될 것이다.

기술

23개 문항으로 구성된 5점 Likert 척도다. 인터넷 쇼핑 경험이 있는 소비자에게는 '인터넷 쇼핑을 해 보니 일반 쇼핑에 비해서 어떻습니까?'라는 질문을 하였고, 인터넷 쇼핑 경험이 없는 소비자에게는 '평소 인터넷 쇼핑이 일반 쇼핑에 비해서 어떻다고 생각하십니까?'로 구분하여 질문하였다.

개발

인터넷 쇼핑에 대한 소비자들의 지각이 어떠한지를 알아보기 위해 이용호, 김은, 김진우(1998), 김상용과 박성용(1999)의 연구를 참조하였고, 추가적으로 인터넷 쇼핑의 심리적 · 사회적 · 경제적 측면에 관한 질문을 구성하였다.

표본

1999년 9월 27~29일에 포털 사이트 (주)다음커뮤니케이션을 방문하여 설문에 응답한 사람은 총 2,907명이었다. 이 중 중복 응답자 38명을 제외한 2,869명(남자 1,434명, 여자 1,435명)을 대상으로 자료를 분석하였다.

신뢰도와 타당도

ITC가 .30 이상인 문항을 기준으로 문항분석을 실시한 결과 29개 문항 중 최종 23개 문항을 다섯 개의 요인으로 제한하여 주축 요인분석을 실시하였다. 요인 1은 자유로움(설명변량 12.233%, α=.849), 요인 2는 과정 불안(설명변량 10.722%, α=.724), 요인 3은 사회적 인정(설명변량 8.061%, α=.747), 요인 4는 가격 의식(설명변량 7.440%, α=.776), 요인 5는 절차 난이도(설명변량 4.441%, α=.547)다.

출처

성영신, 강정석 (2000). 인터넷 쇼핑과 쇼핑몰에 대한 소비자의 지각. 광고학연구, 11(2), 7-34.

참고문헌

김상용, 박성용 (1999). 전자상거래에서의 혜택요인과 위험요인에 따른 실제 및 잠재 소비자에 대한 연구. 소비자학 연구, 10(13), 45-66.

이용호, 김은, 김진우 (1998). EC 환경하에서의 소비자 행태 분석에 관한 연구. 한국전산원.

Choo, C. W., Deltor, B., & Turnbell, D. (1999). Information seeking on the Web: An integrated model of browsing and searching. [http://choo.fis. utoronto.ca/FIS/ResPub/asis99/default.htm.]

Satio, M., & Ohmura, K. (1998). A cognitive model for searching for ill-defined targets on the Web: The relationship between search strategies and user satisfaction. [http://www.acm.org/pubs/citayions/proceedings/ir/290941/p155-satio/]

척도문항

요인 1: 자유로움

1. 앉아서도 어느 곳이나 쇼핑할 수 있다.
2. 많은 사람들이 북적대지 않는다.
3. 직접 돌아다니지 않기 때문에 힘이 덜 든다.
4. 아무 때나 물건을 살 수 있다.
5. 물건의 구매 시간이 덜 소요된다.

요인 2: 과정 불안

6. 신용카드 지불에 대한 불안감이 있다.*
7. 개인 정보 유출에 대한 불안감이 있다.*
8. 주문한 물건이 정확히 배달된다.
9. 직접 물건을 확인할 수 없다.*
10. 직접 판매원을 만날 수 없다.*
11. 개인적인 구매 행위가 타인에게 노출된다.*
12. 충동구매의 가능성이 높다.*

요인 3: 사회적 인정

13. 인터넷에서 쇼핑을 하는 사람이 부럽다.
14. 다른 사람들이 인터넷 쇼핑하는 것을 보면 나도 하고 싶다.
15. 인터넷 쇼핑은 정보화 시대에 앞선 행위다.
16. 인터넷 쇼핑은 최근 유행이다.

요인 4: 가격 의식

17. 같은 물건도 싸게 살 수 있다.
18. 인터넷에서는 할인을 자주 한다.
19. 품질에 비해 물건의 가격이 적당하다.

요인 5: 절차 난이도

20. 인터넷 쇼핑에 대한 지식이나 절차가 복잡하다.*
21. 원하는 물건을 찾기가 어렵다.*
22. 이름도 없는 싸구려 물건을 주로 판다.*
23. 쇼핑몰에 따라서 상품의 질에 차이가 난다.*

* *표는 역채점 항목임.

12 컴퓨터 친숙도 척도

구성개념

소비자의 개인차는 인구통계적 특성과 심리적 특성으로 구분할 수 있다. 여기서는 인터넷 쇼핑과 쇼핑몰 지각의 개인차를 컴퓨터 친숙도와 쇼핑 오리엔테이션이라는 심리적 특성으로 규정하였다. 컴퓨터 친숙도란 컴퓨터에 대해 많이 알고 정서적으로 친근하고 자주 사용하는 정도로 개념화할 수 있다. 이것은 인터넷 쇼핑과 쇼핑몰에 대한 지각의 차이를 야기할 수 있는 심리적 특성의 하나라고 볼 수 있다.

기술

일곱 개 문항으로 구성된 5점 Likert 척도다.

개발

Crisp, Jarvenpaa와 Todd(1997)의 연구를 참조로 설문을 구성하였으며, 행동적 빈도 이외에 정서적 · 인지적 측면도 함께 고려하였다.

표본

1999년 9월 27~29일에 포털 사이트 (주)다음커뮤니케이션을 방문하여 설문에 응답한 사람은 총 2,907명이었다. 이 중 중복 응답자 38명을 제외한 2,869명(남자 1,434명, 여자 1,435명)을 대상으로 자료를 분석하였다.

신뢰도와 타당도

ITC가 .30 이상인 문항을 기준으로 문항분석을 실시한 결과 아홉 개 문항 중 일곱 개 문항이 추출되었다. 이들 문항을 주축 요인분석한 결과 하나의 요인으로 묶였다. 내적 일치도 계수인 Cronbach의 α=.865다.

출처

성영신, 강정석 (2000). 인터넷 쇼핑과 쇼핑몰에 대한 소비자의 지각. **광고학연구, 11**(2), 7-34.

참고문헌

Crisp, C., Jarvenpaa, S. L., & Todd, P. T. (1997). Individual differences and internet shopping attitudes and intentions.[http://cwf.cc.utexas.edu/~crisp/Indiv-Shop.htm.]

척도문항

1. 가능하면 모든 일을 컴퓨터로 처리한다.
2. 컴퓨터에 대한 이야기가 나오면 귀가 솔깃해진다.
3. 한번 컴퓨터를 켜면 오래 하는 편이다.
4. 컴퓨터가 친구처럼 느껴진다.
5. 나는 시간만 생기면 컴퓨터 앞에 앉는다.
6. 컴퓨터 용어를 들으면 무슨 의미인지 쉽게 이해한다.
7. 컴퓨터에 관련된 작은 문제는 혼자서 해결할 수 있다.

13 모바일 광고 효과 모델 척도

구성개념

양병화(2005)는 기술 수용성 모델(Davis, 1989)과 웹 광고 태도 모델(Ducoffe, 1996)을 기초로 통합적인 모바일 광고(wireless ad) 효과 모델을 제안하였다. 그는 모바일 광고에 대한 효과 모델은 첨단 기술 기반의 모바일 시스템에 대한 태도와 광고에 대한 태도의 과정이 합리적으로 결합될 때 높은 예측력을 발휘할 것이라고 보았다. 또한 그는 "모바일 광고에 대한 태도는 직접적인 태도 대상이 되는 광고로부터 얻어지는 신념과 평가의 합이자 시스템에 대한 만족에 의해 영향을 받는다. 즉, 시스템에 대한 개인적 만족 수준은 그것이 만들어 내는 정보(즉, 광고)에 대한 태도에 영향을 준다. 여기서 시스템 만족은 시스템이라는 태도 대상에 의해 영향을 받는 대상 기반의 태도이므로 기술 수용성 모델의 시스템 태도에 대응하는 개념으로 조작화될 수 있다. 특히 시스템 만족은 사용자의 관점에서 시스템과의 상호작용 결과를 나타내기 때문에, 더 직접적인 측정치를 제공할 뿐만 아니라 기술 수용성 모델을 소비자 모델에 적용할 때 더 유용한 개념이 된다."(양병화, 2005, p. 144)고 가정하였다.

양병화는 시스템 만족의 선행 변수로서 지각된 유용성, 지각된 사용 용이성 및 지각된 안정성을 가정하였다. 먼저 지각된 유용성은 모바일 맥락에서 모바일 서비스가 일상 활동을 잘 통합하는지에 대한 소비자의 신념으로 정의되고 있는데(Kleijnen, Wetzels, & Ruyter, 2004), 양병화는 그것을 무선 인터넷에 대한 지각된 유용성으로 조작적으로 정의하였다. 지각된 사용 용이성은 소비자가 시스템을 배우거나 사용하는 것에 대해 쉽다고 지각하는 정도로 정의된다. 또한 모바일폰과 같이 철저하게 개인화된 휴대 장치에서 정보 접근의 안정성을 확보하는 것이 모바일 사용에 중요한 영향 요인이 되므로, 지각된 안정성은 개인 정보에 대한 염려로 조작적으로 정의하였다. 더불어 양병화(2005)는 모바일 광고 태도의 선행 변수로 지각된 오락성, 지각된 짜증 및 지각된 신뢰성을 가정하였다. 오락성은 일반적으로 광고의 재미와 즐거움으로, 짜증 반응은 웹에 대한 접근을 방해하는 부적인 심리 요인으로, 그리고 신뢰성은 소비자가 광고의 내용이나 주제에 대해 신뢰할 만하다고 지각하는 정도로 정의된다.

기술

시스템 만족의 선행 변수인 지각된 유용성과 지각된 사용 용이성은 각각 세 개의 문항, 그리고 지각된 안정성은 단일 문항('나는 무선 인터넷에 접속할 때 개인 정보의 노출이 걱정된다.')으로 측정하였다(역척도로 전환 요망). 모바일 광고 태도의 선행 변수인 지각된 오락성과 지각된 짜증은 각각 두 개의 문항, 그리고 지각된 신뢰성은 세 개의 문항으로 구성되었다. 모바일 광고에 대한 예측 변수로서 시스템 만족은 두 개 문항, 모바일 광고 태도는 네 개의 문항으로 구성되었다. 이들 20개의 문항은 5점 척도(① 전혀 그렇지 않다 …… ⑤ 매우 그렇다)다.

개발

시스템 만족의 선행 변수인 지각된 유용성은 McClosky(2003-2004)가 Davis(1989)의 조직 맥락에서의 측정치를 모바일 환경의 측정치로 전환하여 사용한 네 개의 문항 가운데 구성개념에 높게 적재된 세 개의 문항을 사용하였다. 지각된 사용 용이성은 Davis(1989)의 측정 개념을 이용하여 세 개의 문항을 구성하였다. 지각된 안정성은 개인 정보와 금융 정보 노출에 대한 염려의 두 개 문항을 사용한 McClosky에 근거하였으나, 요인분석 결과에 의해 단일 문항으로 측정하였다.

모바일 광고 태도의 선행 변수인 지각된 오락성과 지각된 짜증은 Ducoffe(1996), Schlosser, Shavitt과 Kanfer(1999), Tsang, Ho와 Liang(2004)의 측정 문항에 기초하여 각각 두 개의 문항을 구성하였다. 지각된 신뢰성은 Tsang, Ho와 Liang(2004), Brackett과 Carr(2001)가 사용한 문항을 조합하여 세 개의 문항을 구성하였다.

모바일 광고 반응에 대한 예측 변수로서 시스템 만족은 Wixom과 Todd(2005)의 시스템에 대한 전반적 만족도를 묻는 두 개의 문항을 모바일을 통한 무선 인터넷에 대한 만족 문항으로 사용하였다. 그리고 모바일 광고 태도는 MacKenzie와 Lutz(1989), Wixom과 Todd(2005)가 사용한 문항에 기초하여 네 개의 문항을 구성하였다.

표본

서울, 강원도, 충청도 및 경상도 소재 대학의 대학생 950명에게 설문을 배포하여 회수된 651부 중 응답 누락과 응답자 조건에 따라 439명의 자료를 최종 자료로 분석에 사용하였다.

신뢰도와 타당도

요인분석 결과, 각 측정 문항들은 해당 구성개념에 높게 부하되고 상대적으로 다른 구성개념에 낮게 부하되어 전반적으로 좋은 요인 구조를 보였다. 따라서 7요인 구조가 측정 모델로서 가장 합리적인 요인 모델이라는 결론을 내렸다. 이 일곱 개의 요인은 전체 요인 구조의 70.42%를 설명하고 있다. 요인별 신뢰도(α)는 지각된 유용성이 .82, 지각된 사용 용이성이 .71, 지각된 신뢰성이 .75였다. 지각된 오락성의 두 개 문항 간 상관은 $r=.50(p<.001)$, 지각된 짜증의 두 개 문항 간 상관은 $r=.53(p<.001)$이었다. 그리고 모바일 광고 태도의 신뢰도(α)는 .84, 시스템 만족의 두 개 문항 간 상관은 $r=.34(p<.001)$였다.

출처

양병화 (2005). 모바일 광고의 태도 효과 모델 연구. **광고연구**, 69, 139-163.

참고문헌

Brackett, L. K., & Carr, B. N., Jr. (2001). Cyberspace advertising vs. other media: Consumer vs. mature student attitudes. *Journal of Advertising Research, 41*(5), 23-32.

Davis, F. D. (1989). Perceived usefulness, perceived ease of use, user acceptance of information technology. *Management Information Systems Quarterly, 13*(3), 319-340.

Ducoffe, R. H. (1996). Advertising value and advertising on the Web. *Journal of Advertising Research, 36*(5), 21-35.

Kleijnen, M., Wetzels, M., & Ruyter, K. (2004). Consumer acceptance of wireless finance. *Journal of Financial Services Marketing, 8*(3), 206-217.

MacKenzie, S. B., & Lutz, R. J. (1989). An empirical examination of the structural antecedents of attitude toward the ad in an advertising pretesting context. *Journal of Marketing, 53*(2), 48-65.

McClosky, D. (2003-2004). Evaluating electronic commerce acceptance with the technology acceptance model. *The Journal of Computer Information Systems, 44*(2), 86-113.

Schlosser, A. E., Shavitt, S., & Kanfer, A. (1999). A survey of internet users' attitudes toward internet advertising. *Journal of Interactive Marketing, 13*(3), 34-54.

Tsang, M. M., Ho, Shu-Chun, & Liang, Ting-Peng (2004). Consumer attitudes toward mobile advertising: An empirical study. *Journal of Electronic Commerce, 8*(3), 65-78.

Wixom, B. H., & Todd, P. A. (2005). A theoretical integration of user satisfaction and technology acceptance. *Information Systems Research, 16*(1), 85-102.

척도문항

요인 1: 광고 태도

1. 나는 모바일 광고를 좋아한다.
2. 모바일 광고는 만족스럽다.
3. 나는 모바일 광고에 대해 호감을 갖고 있다.
4. 나는 전반적으로 모바일 광고에 대해 긍정적이다.

요인 2: 지각된 유용성

5. 무선 인터넷은 내가 얻고자 하는 정보를 얻는 데 도움이 된다.
6. 무선 인터넷은 나의 생활에 편의를 제공한다.
7. 무선 인터넷으로 쇼핑하는 것이 상점에서 쇼핑하는 것보다 쉽다.

요인 3: 지각된 사용 용이성

8. 나는 무선 인터넷을 쉽게 이용할 수 있다.
9. 나는 무선 인터넷의 기능을 쉽게 배운다.
10. 나는 무선 인터넷을 통해 물건을 주문하는 데 어려움을 느끼지 않는다.

요인 4: 지각된 신뢰성

11. 모바일 광고의 정보는 사실적이다.
12. 모바일 광고는 제품의 구매 시에 좋은 참조가 된다.
13. 모바일 광고는 믿을 만하다.

요인 5: 지각된 오락성

14. 모바일 광고는 오락적이다.
15. 모바일 광고를 받는 것이 재미있다.

요인 6: 지각된 짜증

16. 모바일 광고는 나를 짜증나게 한다.
17. 모바일 광고는 성가시다.

요인 7: 시스템 만족

18. 모바일 인터넷 서비스에 대체로 만족한다.
19. 전반적으로 모바일 시스템에 만족한다.

14 모바일 광고 효과의 선행 요인 측정 척도

구성개념

모바일 광고는 이동통신 단말기 혹은 무선 인터넷 단말기를 이용하여 고객에게 문자, 음성, 그래픽, 동영상 등의 광고 메시지를 발송하고 고객으로부터 기대하는 반응을 얻고자 하는 서비스를 말한다(이경렬, 2006). 김봉철(2007)은 모바일 광고를 "휴대전화를 이용한 광고"로 조작적으로 정의하였다.

기술

모바일 광고 태도의 선행 변수인 정보성은 일곱 개 문항, 오락성은 다섯 개 문항, 성가심은 세 개 문항, 편재성은 세 개 문항 그리고 개인화 역시 세 개의 문항으로 구성되었다. 또한 모바일 광고 반응에 대한 예측 변수로서 모바일 광고 태도는 네 개의 문항으로 구성되었다. 이들 25개의 문항 모두 7점 척도(① 전혀 아니다 …… ⑤ 매우 그렇다)다.

개발

선행 변수로서 지각된 정보성, 지각된 오락성, 지각된 성가심 등은 Ducoffe (1996)가 웹 광고 효과 모델에서 사용한 측정 문항들을 그대로 사용하였다. 지각된 편재성은 김호영과 김진우(2002)의 연구에서 사용된 것을 바탕으로 연구에 적합하도록 재구성하였다. 지각된 개인화는 Srinivasan, Anderson과 Ponnavolu(2002)의 연구를 바탕으로 구성하였다. 그리고 모바일 광고 태도는 MacKenzie와 Lutz(1989),

Wixom과 Todd(2005)가 사용한 문항에 기초하여 네 개의 문항으로 구성하였다.

표본

대학생 527명(남자 43.3%, 여자 56.7%; 평균연령 21.4세; 휴대전화 평균 사용 기간 54.6개월)의 자료가 실제 분석에 사용되었다.

신뢰도와 타당도

요인별 신뢰도(α)는 정보성이 .89, 오락성이 .86, 성가심이 .80, 편재성이 .87, 개인화가 .87, 그리고 모바일 광고 태도가 .90이다.

출처

김봉철 (2007). 모바일 광고에 대한 태도에 영향을 미치는 선행요인: Ducoffe(1996)의 웹광고 효과 모델 확장 적용. **광고연구**, 75, 35-59.

참고문헌

김호영, 김진우 (2002). 모바일 인터넷의 사용에 영향을 미치는 중요 요인에 대한 실증적 연구. **경영정보학 연구**, 12(3), 89-112.

이경렬 (2006). SMS 기반의 모바일 광고의 효과 및 수용성에 관한 실증 연구. **커뮤니케이션학 연구: 일반**, 14(2), 27-45.

Ducoffe, R. H. (1996). Advertising value and advertising on the Web. *Journal of Advertising Research, 36*(5), 21-35.

MacKenzie, S. B., & Lutz, R. J. (1989). An empirical examination of the structural antecedents of attitude toward the ad in an advertising pretesting context. *Journal of Marketing, 53*(2), 48-65.

Srinivasan, S. S., Anderson, R., & Ponnavolu, K. (2002). Customer loyalting in e-commerce: An exploration of its antecedents and consequences. *Journal of Retailing, 78*(1), 41-50.

Wixom, B. H., & Todd, P. A. (2005). A theoretical integration of user satisfaction and technology acceptance. *Information Systems Research, 16*(1), 85-102.

척도문항

요인 1: 정보성

1. 모바일 광고는 제품의 정보를 제공하는 좋은 정보원이다.
2. 모바일 광고는 적절한 제품 정보를 제공한다.
3. 모바일 광고는 시의성 있는 정보를 제공한다.
4. 모바일 광고는 최신 제품 정보를 제공하는 좋은 정보원이다.
5. 모바일 광고는 제품에 관한 정보를 즉시 알게 해 준다.
6. 모바일 광고는 제품의 정보를 제공하는 편리한 자료다.
7. 모바일 광고는 제품에 대한 완벽한 정보를 제공한다.

요인 2: 오락성

8. 모바일 광고는 즐겁다.
9. 모바일 광고에 흥미가 간다.
10. 모바일 광고는 재미있다.
11. 모바일 광고는 오락적이다.
12. 모바일 광고는 유쾌하다.

요인 3: 성가심

13. 모바일 광고가 기분을 거슬린다.
14. 모바일 광고가 성가시다.
15. 모바일 광고는 기만적이다.

요인 4: 편재성

16. 모바일 광고는 이동 중에도 접할 수 있다.
17. 모바일 광고는 언제든지 접할 수 있다.
18. 모바일 광고는 어디서나 접할 수 있다.

요인 5: 개인화

19. 모바일 광고는 내게 맞춤 정보를 제공한다.
20. 모바일 광고는 내가 필요로 하는 광고를 제공한다.
21. 모바일 광고는 내 요구에 맞는 광고를 제공한다.

요인 6: 모바일 광고 태도

22. 나는 모바일 광고를 좋아한다.
23. 나는 모바일 광고에 만족한다.
24. 나는 모바일 광고에 호감을 갖고 있다.
25. 나는 모바일 광고에 대해 긍정적이다.

15 인터넷 이용 동기 척도

구성개념

인터넷을 이용하는 이유나 목적을 연구하기 위해 몇몇 연구는 동기의 개념을 도입하고 있다(예: Lin, 1999; Parker & Plank, 2000; Eigmey & McCord, 1998; Korgaonkar & Wolin, 1999). 동기는 행동을 유발하고 지속시키는 내적인 힘이며, 비교적 상황에 좌우되지 않는 일관된 행동 경향성을 가지고 있다. 인터넷 이용에 동기적 접근을 하면 한 개인에 대한 인터넷 행동을 비교적 일관성 있게 설명하고 예측할 수 있는 장점이 있다.

김재휘와 홍재욱(2000)은 사이트 중심의 접근이 아니라 한 개인의 동기적 특성을 파악하고 이를 통해 그 사람이 어떠한 인터넷 행동을 할 것인가를 예측할 수 있는 이용자 중심의 접근을 채택하였다. 이러한 배경에서 매체 수용자로서 인터넷 이용자들의 동기적 선택의 측면을 강조하는 이용-충족 이론을 채택하여 인터넷 이용자들의 이용 동기를 탐색하였다. 김재휘와 홍재욱(2000)은 인터넷 이용자들의 매체 이용 동기로 다섯 가지 요인, 즉 즐거움, 사회적 관계, 시간 보내기, 정보, 편익을 밝혔는데, 이들 동기는 선행 연구에서 발견된 동기들과 유사한 것으로 나타났다. 그러나 이들 동기 중 편익 동기는 새로운 것으로, 이용자들이 최종적으로 얻고자 하는 것을 보다 편리하게 얻고자 인터넷을 이용하는 수단적인 동기로 여겨진다.

기술

16개의 문항으로 구성된 5점 척도다.

개발

인터넷 이용 동기의 조사 문항을 확정하기 위해 기존 연구의 개관과 2차 자료를 통해 개략적인 문항을 얻었다. 그다음 오랫동안 인터넷을 사용해 왔고 능숙하게 이용하고 있는 대학생 20명을 대상으로 FGI를 통해 인터넷 이용 과정, 동기 및 행동 등에 관한 다양한 진술을 얻었다. 이러한 과정에서 최종 47개의 동기 측정 문항이 추출되었다. 이들 문항에 대해 설문조사를 한 결과를 요인분석하여, 응답의 평균이 2 이하인 문항을 삭제하고 남은 26개의 문항만으로 다시 1차적 요인분석(주성분분석과 배리맥스 회전)을 하였다. 그 결과, 최종적으로 다섯 개 요인의 16개 문항이 인터넷 이용 동기에 대한 분석 자료로 사용되었다.

표본

인터넷을 이용하고 있는 대학생 442명(남자 195명, 여자 247명)을 대상으로 하였다.

신뢰도와 타당도

요인분석 결과, 16개 문항이 다섯 개의 요인으로 묶였으며, 이들 다섯 개 요인의 누가 설명변량은 71.32%였다. 다섯 가지 동기와 사이트 이용 행동 간의 관계를 본 결과, 이용자들은 동기에 따라 사이트 이용 행동에 차이를 보였다.

출처

김재휘, 홍재욱 (2000). 인터넷 이용자들의 동기와 사이트 이용 행동. 한국심리학회지: 소비자 · 광고, 1(2), 25-46.

참고문헌

Eigmey, J., & McCord, J. (1998). Adding value in the information age: Uses and gratification of sites on the world wide web. *Journal of Business Research, 41*, 187-194.

Korgaonkar, P. K., & Wolin, L. D. (1999). A multivariate analysis of web usage. *Journal of Advertising Research, 39*(2), 53-68.

Lin, C. A. (1999). Online-service adoption likelihood. *Journal of Advertising Research, 39*(2), 79-89.

Parker, B. J., & Plank, R. E. (2000). A use and gratification perspective on the internet as a new information source. *American Business Review, 18*(2), 43-49.

척도문항

요인 1: 즐거움

1. 즐거움을 얻기 위해서
2. 기분 전환을 위해서
3. 여가 생활을 위해서
4. 재미있어서

요인 2: 사회적 관계

5. 새로운 사람들을 사귀기 위해서
6. 대화를 하기 위해서
7. 다른 사람들과의 이야깃거리가 풍부해지기 때문에
8. 친목 도모를 위해서

요인 3: 시간 보내기

9. 별다른 오락물이 없기 때문에
10. 시간을 보내기 위해서
11. 무료하거나 딱히 다른 할 일이 없기 때문에

요인 4: 정보

12. 유익한 정보를 얻기 위해서
13. 최신 정보를 얻기 위해서
14. 손쉽게 정보를 얻기 위해서

요인 5: 편익

15. 시간을 절약하기 위해서
16. 시간이나 장소에 구애받지 않고 업무를 보기 위해서

제7장

이미지 관련 척도

1 국가 이미지 평가 척도

구성개념

Yaprak과 Parameswaran(1986)은 원산지 이미지를 국가에 대한 태도, 상품에 대한 태도 및 특정 상품에 대한 태도의 세 가지 측면으로 유목화하였다. 그리고 국가에 대한 태도를 다시 정치의 발전, 경제의 발전, 문화의 향상, 미국과의 유사성, 국민의 교육 정도 및 국민의 친절도를 포함하는 것으로 조작적으로 정의하였다.

기술

아홉 개 항목으로 구성된 7점 의미변별 척도다. 1점은 부정적인 평가, 7점은 긍정적인 평가, 중립적인 평가는 4점이 되도록 하였다. 각 항목의 평가 점수가 높을수록 국가 이미지가 좋은 것이라고 할 수 있다(단, 남성적인/여성적인 항목은 제외). 아홉 개 항목은 정서적 평가 차원, 인지적 평가 차원 그리고 능력 평가 차원으로 묶였다.

개발

Akira(1970)가 이용한 20쌍의 항목 중에서 사전조사를 거쳐 이 연구의 목적에 적합한 것으로 구성하였다.

표본

1984년의 한국 대학생 222명의 자료와 더불어 2001년 한국의 대학생 212명을 대상으로 미국, 일본, 스위스, 독일(서독), 프랑스의 국가 이미지를 비교하였다.

신뢰도와 타당도

해당 자료 없음.

출처

이규완 (2001). 미국, 일본, 스위스, 독일, 프랑스의 국가 이미지와 상품 이미지의 변화에 관한 연구. **광고학연구**, 12(4), 155-182.

참고문헌

Akira, N. (1970). A comparison of Japanese and U.S. attitude toward foreign products. *Journal of Marketing, 34*(1), 68-74.

Yaprak, A., & Parameswaran, R. (1986). Strategic formulation in multinational marketing: A deductive paradigm-integrating approach. In S. T. Cavusgil (Ed.), *Advances in International Marketing* (pp. 21-45). Greenwich, CT: JAI Press.

척도문항

정서적 평가 차원

1. 믿을 수 있는 ——— 믿을 수 없는
2. 좋은 ——— 나쁜
3. 공정한 ——— 공정하지 않은

인지적 평가 차원

4. 실질적인 ——— 형식적인
5. 남성적인 ——— 여성적인
6. 검소한 ——— 낭비가 심한

능력 평가 차원

7. 창의적인 ——— 모방적인
8. 강대국 ——— 약소국
9. 높은 기술 수준 ——— 낙후된 기술 수준

2 기업 이미지 척도

구성개념

윤각과 서상희(2003)는 기업 이미지를 "기업에 대한 다양한 정보와 그 기업 제품에 대한 경험에 의해 형성된 총체적인 인상"(p. 59)이라고 정의하였다.

기술

일곱 개 항목으로 구성된 5점 척도다.

개발

Winters(1986)가 개발한 일곱 개 항목의 기업 이미지 구성 요인을 기업 이미지 측정 항목으로 활용하였다.

표본

서울에 거주하는 20~50대 남녀 308명(남자 49.4%, 여자 50.6%)을 대상으로 하였다.

신뢰도와 타당도

일곱 개 문항을 요인분석한 결과 하나의 요인으로 묶였다. 신뢰도, 즉 내적 일치도(α)는 세 기업에서 각각 .85, .80, .80으로 나타났다.

출처

윤각, 서상희 (2003). 기업의 사회 공헌 활동과 기업 광고가 기업 이미지와 브랜드 태도 형성에 미치는 영향력에 관한 연구. **광고연구**, 61, 47-72.

참고문헌

Winters, L. C. (1986). The effect of brand advertising on company image: Implications for corporate advertising. *Journal of Advertising Research, 26*(2), 54-59.

척도문항

1. 이 기업은 공정한 가격으로 제품을 공급하고 있다.
2. 이 기업은 품질이 좋은 제품을 만들고 있다.
3. 이 기업은 환경 보호에 적극적이다.
4. 이 기업은 소비자의 권익 보호에 관심이 많다.
5. 이 기업은 세금을 잘 내고 있다.
6. 이 기업은 문화, 예술 발전에 기여하고 있다.
7. 이 기업은 소비자의 건강, 교육, 사회복지 발전에 기여하고 있다.

3 상품 이미지 평가 척도

구성개념

상품 이미지는 국가 이미지 구성 요소의 하나로 작용하며, 상품의 구매 의사에 영향을 미친다. 또한 상품 이미지를 구성하는 요소로 제조 국가의 이미지가 포함된다.

기술

아홉 개 항목으로 구성된 7점 의미변별 척도다. 1점은 부정적인 평가, 7점은 긍정적인 평가, 중립적인 평가는 4점이 되도록 하였다. 각 항목의 평가 점수가 높을수록 상품 이미지가 좋은 것이라고 할 수 있다(단, 남성적인/여성적인 항목은 제외). 아홉 개 항목은 정서적 평가 차원, 인지적 평가 차원 그리고 능력 평가 차원으로 묶였다. 각국의 상품 이미지를 질문할 때 'X제(made in X)'에 대한 평가를 하도록 했다.

개발

Osgood, Suci와 Tannenbaum(1975)이 제시한 50쌍의 형용사와 Akira(1970)가 이용한 20쌍의 항목 중에서 사전조사를 거쳐 이 연구의 목적에 적합한 것으로 구성하였다.

표본

1984년의 한국 대학생 222명의 자료와 더불어 2001년 한국의 대학생 212명을 대상으로 미국, 일본, 스위스, 독일(서독), 프랑스의 상품 이미지를 비교하였다.

신뢰도와 타당도

해당 자료 없음.

출처

이규완 (2001). 미국, 일본, 스위스, 독일, 프랑스의 국가 이미지와 상품 이미지의 변화에 관한 연구. **광고학연구**, 12(4), 155-182.

참고문헌

Akira, N. (1970). A comparison of Japanese and U.S. attitude toward foreign products. *Journal of Marketing, 34*, 68-74.

Osgood, C. E., Suci, G. J., & Tannenbaum, P. H. (1975). *The measurement of meaning*. Urband University of Illinois Press.

척도문항

정서적 평가 차원

1. 믿을 수 있는 ——— 믿을 수 없는
2. 좋은 ——— 나쁜
3. 품질에 비해 가격이 싸다 ——— 품질에 비해 가격이 비싸다

인지적 평가 차원

4. 기능 중시 ——— 모양 중시
5. 남성적인 ——— 여성적인
6. 필수품 ——— 사치품

능력 평가 차원

7. 창의적인 ——— 모방적인
8. 튼튼한 ——— 약한
9. 선진 기술로 만들었다 ——— 낙후된 기술로 만들었다

4 온라인 쇼핑몰 이미지 척도

구성개념

박재진과 이정교(2006)는 온라인 쇼핑몰의 이미지를 개념적으로 정리하기 위해서는 브랜드 이미지와 전통적인 상점 이미지(store image)의 개념을 같이 고려할 필요가 있다고 보았다. 그래서 온라인 쇼핑몰의 이미지 평가를 위해 브랜드 이미지와 전통적인 상점 이미지를 비롯해 인터넷 마케팅, 전자상거래, 웹사이트 특성, 인터넷 커뮤니케이션 등 다양한 분야를 포괄하는 문항을 구성하였다.

기술

일곱 개의 요인으로 묶여 총 29개의 문항으로 구성된 7점 척도(① 전혀 아니다 …… ⑦ 매우 그렇다)다(이 논문의 본문에는 29개의 문항이라고 기술되어 있으나 문항이 나와 있는 표에는 28개의 문항밖에 제시되지 않았음).

개발

문헌 연구를 통해 문항을 추출하여 그에 대한 적합도 조사와 전문가 검증 과정을 거쳐 총 57개 문항을 선정하고, 이들 문항에 대해 설문조사를 실시하였다. 지수 개발을 위한 주요 통계적 분석에 앞서 문항 및 자료에 대한 정화 과정을 거쳤으며, 이를 통해 총 300명의 설문 응답자 중 아홉 명이 '다변량 극단치'를 가지는 것으로 판명되어 분석에서 제외되었다. 그리고 12개 문항의 문항-전체 간 상관이 기준치 이하의 값을 가져 이들 문항도 추후 분석에서 제외되었다. 문항 및 자료 정화 단계를 거쳐 최종적으로 추출된 45개 문항에 대해 탐색적 요인분석을 한 결과 일곱 개의 요인에 해당되는 33개 문항이 추출되었다. 이들 요인들에 대한 구성타당성 검증을 위해 확인적 요인분석을 하였다. 세 차례에 걸친 모델 수정 과정을 통해 네 개 문항이 제거되어 최종 일곱 개 요인의 29개 문항이 추출되었다.

표본

대학생 300명이 연구에 참여하였다.

신뢰도와 타당도

탐색적 요인분석 결과 일곱 개의 요인, 즉 고객 서비스(설명변량 14.42%, 고유값 6.49), 신뢰성(설명변량 10.89%, 고유값 4.90), 사용 용이성(설명변량 9.22%, 고유값 4.15), 제품 정보(설명변량 7.22%, 고유값 3.25), 유용성(설명변량 6.71%, 고유값 3.02), 보안(설명변량 5.63%, 고유값 2.54), 그리고 거래 변경 용이성(설명변량 4.79%, 고유값 2.15)으로 묶였다. 이를 근거로 구성한 연구 모델의 적합도 검증을 위한 확인 요인분석 결과, 수렴타당성과 변별타당성이 입증되었다. 더불어 일곱 개 요인들의 최종 내적 일치도(α)는 고객 서비스가 .91, 신뢰성이 .89, 사용 용이성이 .89, 제품 정보가 .80, 유용성이 .82, 보안이 .88 그리고 거래 변경 용이성이 .82였다. 이 외에 복합 요인 신뢰성 분석 결과 모든 요인들이 기준치(≥.70)보다 높은 신뢰도 계수(.81～.91)를 가지고 있고, 평균 추출 분산분석 결과도 모든 요인에서 기준치(≥.50)보다 높은 값(.53～.74)을 가지는 것으로 나타났다.

출처

박재진, 이정교 (2006). 온라인 쇼핑몰 이미지 측정 지수 개발 및 타당성 검증. 광고연구, 73, 61-79.

참고문헌

해당 자료 없음.

척도문항

요인 1: 고객 서비스

1. 고객들의 요구에 즉시 답하는 편이다.
2. 고객의 문제를 해결하기 위해 최선의 노력을 다한다.
3. 직원들의 고객 응대가 친절한 편이다.
4. 고객의 불편 사항을 쉽게 전달할 수 있다.
5. 고객과 직접 커뮤니케이션할 수 있는 창구를 마련하고 있다.
6. 고객에 대한 추가 서비스를 제공한다.

요인 2: 신뢰성

7. 주문한 제품/서비스를 약속한 시간 내에 제공한다.
8. 신뢰할 수 있다.
9. 고객과의 약속을 지키기 위해 노력한다.
10. 주문과 정확히 일치하는 제품/서비스를 제공한다.
11. 믿음이 간다.
12. 배송을 믿을 수 있다.
13. 배송이 빠르다.

요인 3: 사용 용이성

14. 웹사이트를 사용하기가 쉽다.
15. 웹사이트의 내용들은 간결하고 이해하기 쉽다.
16. 웹사이트의 조직과 구조는 논리적이고 따라 하기 쉽다.

요인 4: 제품 정보

17. 상품 비교가 쉽다.
18. 제품 설명이 잘되어 있다.
19. 하이퍼링크들이 조직적으로 잘 이루어져 있다.

요인 5: 유용성

20. 가격, 모델 등의 제품/서비스 정보를 빠르게 업데이트한다.
21. 제품/서비스에 대해 넓은 선택의 폭을 제공한다.
22. 제품/서비스에 대한 적정한 가격을 제시한다.

요인 6: 보안

23. 안정된 보안 시스템을 가지고 있다.

24. 개인 신상정보의 보안을 위해 노력한다.
25. 신용카드 번호, 은행계좌 번호 등과 같은 금융 정보를 제공할 때에 안전하다 고 생각한다.

요인 7: 거래 변경 용이성

26. 거래를 취소하기가 쉽다.
27. 구입한 물건을 반품하기가 쉽다.
28. 결제 후 제품 변경이 쉽다.

5 정치광고 후보자 이미지 척도

구성개념

탁진영(2005)은 TV 정치광고에 초점을 맞추어 Kaid, Leland와 Whitney (1992)가 개발한 후보자 이미지 척도를 기본으로 개별 이미지 구성 요인들이 후보자 평가와 투표 의사결정 과정에 미치는 영향력을 파악하고, 정치광고가 어떤 경로를 통해 유권자에게 영향력을 미치는지를 밝히고 있다.

기술

14개의 형용사 쌍으로 구성된 7점 의미변별 척도다.

개발

수많은 검증을 거쳐 외적 타당도가 높은 12개의 항목(Kaid & Chanslor, 1995)과 기존의 다른 연구에서 반복적으로 강조된 후보자의 업무 수행 능력과 관련된 두개의 항목(지도력, 현명성)을 추가하였다.

표본

두 가지 독립적인 실험을 실시하였다. 하나는 노무현 후보 정치광고의 시청에 따른 효과 검증이었고, 다른 하나는 이회창 후보 정치광고의 시청에 따른 효과 검증이었다. 전체 152명의 피험자를 무작위로 76명씩 두 집단으로 배정하여 사전-사후 실험설계를 하였다.

신뢰도와 타당도

내적 일치도 계수인 Cronbach의 α=.8397이었다. 개별 후보자의 이미지 구조를 밝히기 위해 주성분 요인분석을 실시하였다. 아이겐 값이 1을 넘었을 때 요인을 추출하였으며, 요인과 높은 상관을 갖는 변인의 수를 최소화하는 배리맥스 방법을 사용하였다. 노무현과 이회창 후보 모두 정치광고 시청 전에는 네 개의 요인이 추출되었고, 정치광고 시청 후에는 세 개의 요인이 추출되었다.

노무현 후보의 경우, 정치광고 시청 전에는 요인 1(자격 있는, 정직한, 신뢰할 수 있는, 성실한, 친근한, 매력 있는), 요인 2(성공적인, 약한, 활동적인, 현명한), 요인 3(세련된, 지도력이 있는), 요인 4(차분한, 공격적인)로 전체 변량의 69.52%를 설명하였다. 한편 정치광고 시청 후에는 요인 1(후보자 개성: 자격 있는, 정직한, 신뢰할 수 있는, 성실한, 친근한, 매력 있는, 활동적인), 요인 2(업무 수행 능력: 성공적인, 약한, 현명한, 세련된, 지도력이 있는), 요인 3(공격성: 차분한, 공격적인)으로 전체 변량의 66.47%를 설명하였다.

이회창 후보의 경우, 정치광고 시청 전에는 요인 1(자격 있는, 정직한, 신뢰할 수 있는, 성실한, 현명한) 요인 2(친근한, 매력 있는, 성공적인, 세련된, 공격적인), 요인 3(약한, 활동적인, 지도력이 있는), 요인 4(차분한)로 전체 변량의 67.07%를 설명하였다. 정치광고 시청 후에는 요인 1(후보자 성격: 매력 있는, 성공적인, 세련된, 차분한, 공격적인), 요인 2(후보자 개성: 자격 있는, 정직한, 신뢰할 수 있는, 성실한, 친근한), 요인 3(업무 수행 능력: 약한, 활동적인, 현명한, 지도력이 있는)으로 전체 변량의 63.40%를 설명하였다.

출처

탁진영 (2005). 후보자 이미지 형성에 미치는 텔레비전 정치광고의 효과에 관한 연구: 이미지 구성요소를 중심으로. 광고학연구, 16(1), 7-35.

참고문헌

Kaid, L. L., & Chanslor, M. (1995). Changing candidates images: The effects of political advertising. In K. L. Hacker (Ed.), *Candidates images in presidential election* (pp. 83-98). Westport, CT: Praeger.

Kaid, L. L., Leland, C. M., & Whitney, S. (1992). The impact of televised political ads: Evoking viewer responses in the 1988 presidential campaign. *Southern Communication Journal, 57*(4), 285-295.

척도문항

1. 정직한 ——— 정직하지 않은
2. 신뢰할 수 있는 ——— 신뢰할 수 없는
3. 자격 있는 ——— 자격 없는
4. 세련된 ——— 세련되지 않은
5. 성공적인 ——— 성공적이지 않은
6. 매력 있는 ——— 매력 없는
7. 친근한 ——— 친근하지 않은
8. 성실한 ——— 성실하지 않은
9. 차분한 ——— 흥분한
10. 공격적이지 않은 ——— 공격적인
11. 강한 ——— 약한
12. 활동적인 ——— 비활동적인
13. 지도력이 있는 ——— 지도력이 없는
14. 현명한 ——— 현명하지 않은

제8장
기업 관련 척도

1 기업의 사회적 책임에 대한 척도

구성개념

공익 연계 마케팅이란 소비자들의 구매를 촉진하기 위한 유인책으로 자선 활동 혹은 공익에 일정액을 기부하기로 하는 기업의 제안을 의미한다. 전 세계적 구조조정, 환경오염, 소비자 문제 등으로 인해 기업에 대한 소비자들의 불신이 심화되고 기업의 사회적 책임에 대한 인식이 고조되면서, 소비자들의 구매가 기업이 추구하는 가치에 따라 좌우되는 쪽으로 바뀌게 되는 것과 관련하여 공익 연계 마케팅이 활성화되고 있다. 기업의 지역 공동체 사회에의 공헌 정도가 소비자들에게 경쟁사와의 차별점을 제공하는 준거가 되었다는 것이다.

기술

다섯 개 항목으로 동의의 정도를 나타내는 7점 척도다.

개발

Maignan(2001)의 척도를 번안하여 사용하였다.

표본

피험자는 서울 지역 소재의 대학생 140명으로 남자가 104명, 여자가 36명이었다.

신뢰도와 타당도

내적 일치도(α)는 .74로 Maignan(2001)의 경우(.92～.97)보다 낮았지만, 요인 분석 결과 단일 요인이 추출되었다.

출처

김자경, 김정현 (2001). 공익 연계 마케팅이 소비자 반응에 미치는 효과. 광고학연구, 12(3), 31-52.

참고문헌

Maignan, I. (2001). Consumers' perceptions of corporate social responsibilities: A cross-cultural comparison. *Journal of Business Ethics, 30*, 57-72.

척도문항

1. 나는 사회적으로 책임 있는 기업의 제품을 사는 데 더 많은 돈을 지불할 의사가 있다.
2. 나는 제품을 고를 때 그 제품을 생산한 기업의 윤리적 평판을 염두에 둔다.
3. 나는 비도덕적인 행위들에 연루된 기업의 제품을 사는 것을 피하는 편이다.
4. 나는 우리 사회의 복리 증진에 관심을 보이는 기업의 제품을 사는 데 더 많은 돈을 지불할 의사가 있다.
5. 두 제품의 가격과 품질이 동일하다면 두 제품 중 사회적으로 더 책임감이 있다는 평판을 듣는 기업의 제품을 살 의사가 있다.

2 한국형 기업 명성 측정 척도

구성개념

Bennett과 Kottasz(2000)는 "기업 명성이란 시간을 두고 조직이 반복적으로 수행한 활동에 근거하여 조직의 전체적 특성에 대한 평가를 내린 것"이라고 하였다. Gotsi와 Wilson(2001)은 기업 명성을 "오랜 시간을 거쳐 공중들이 기업에 대해 전반적으로 평가한 것"이라고 규정하였다. 차희원(2004)은 "기업 명성이란 "한 조직과 관련된 다양한 공중들이 오랜 시간을 두고 그 조직에 대해 전반적으로 갖게 되는 긍정적인 평가다. 이는 기업의 철학, 행동, 커뮤니케이션 등 다양한 요소에 기반하여 구성된다."(p. 261)라고 정의하였다.

기술

여덟 개 요인의 45개 문항으로 구성된 5점 척도(① 전혀 그렇지 않다 …… ③ 보통 …… ⑤ 매우 그렇다)다.

개발

1단계로 문헌 연구와 전문가 23명의 심층 인터뷰를 거쳐서 한국 기업 명성의 특성을 반영하는 기업 명성 구성 요소를 개발하였다. 이는 세 개 차원의 77개 항목으로 구성되었다. 2단계에서는 15명의 학계 및 업계 전문가를 대상으로 하여 전문가 오딧(audit)을 실시하여 문항을 45개로 축소하였다. 3단계에서는 400명의 일반인을 대상으로 조사를 실시하였고, 최종 45개 문항의 척도가 신뢰도와 타당도가 있음을 확인하였다.

표본

3단계 연구에서 일반인 400명을 대상으로 면대면 조사를 실시하였는데, 서울 지역 인구를 모집단으로 하여 성과 연령의 할당을 모집단에 맞춘 비례할당 확률 표집법을 이용하였다.

신뢰도와 타당도

탐색적 요인분석 결과 여덟 개의 요인으로 묶였고, 전체 분산의 54.3%를 차지하였다(내적 일치도(α)는 '척도문항'을 참조).

출처

차희원 (2004). 기업 명성의 개념 정립과 한국형 명성지수 개발에 관한 연구. 광고연구, 64, 259-289.

참고문헌

Bennett, R., & Kottasz, R. (2000). Practitioner perceptions of corporate reputation: An empirical investigation. *Corporate Communication, 5*(4), 224-232.

Gotsi, M., & Wilson, A. M. (2001). Corporate reputation: Seeking a definition. *Corporate Communications: A International Journal, 6*(1), 24-30.

척도문항

<table>
<tr><th>차 원</th><th>명성지수 요인</th><th>문 항</th><th>신뢰도(α)</th></tr>
<tr><td rowspan="2">기업 정체성 차원</td><td>기업 철학/문화 (요인 1)</td><td>1. 다른 기업과 차별된 독특한 철학을 갖고 있다.
2. 조직 문화가 조직의 발전에 긍정적으로 작용한다.
3. 조직 철학과 비전을 전 사원이 공유하고 있다.
4. 사원들이 회사 일에 적극 참여하는 문화다.
5. 분명한 조직의 철학을 갖고 있다.
6. CEO가 윤리적이고 사회적 책임을 중시한다.
7. 내부 커뮤니케이션이 원활하게 이루어진다.
8. CEO가 분명한 비전과 경영철학을 가지고 있다.
9. CEO를 신뢰할 수 있다.
10. 사회적 책임감을 갖고 공익사업을 많이 하고 있다.
11. 사회에 공헌하는 기업이다.
12. 경영 투명성을 확보하고 있다.</td><td>.88</td></tr>
<tr><td>CEO 리더십 (요인 8)</td><td>1. CEO가 리더십이 뛰어나다.
2. CEO가 전문 경영인의 능력을 갖추고 있다.
3. 동종 업계의 흐름을 주도한다.</td><td>.69</td></tr>
<tr><td rowspan="3">기업 경영 전략 차원</td><td>브랜드 가치 (요인 2)</td><td>1. 우수한 인재를 확보하고 육성하기 위해 노력한다.
2. 제품의 생산 및 판매 활동을 철저히 관리한다.
3. 제품 및 서비스 향상을 위해 연구 개발에 투자하는 기업이다.
4. 뛰어난 기술력을 갖추고 있고 혁신적이다.
5. 제품의 품질과 성능이 우수하다.
6. 우수한 브랜드 가치를 갖고 있다.
7. 고객을 최우선으로 하여 고객 만족을 위해 노력하는 기업이다.</td><td>.84</td></tr>
<tr><td>경영 성과 (요인 3)</td><td>1. 국가 경제에 기여하는 기업이다.
2. 매출이나 수익률 등 뛰어난 경영 성과를 보여 준다.
3. 안정적인 경영 성과를 갖고 있다.
4. 합리적인 경영 능력을 갖고 있다.
5. 장기적 비전을 가지고 경영 활동을 수행한다.
6. 변화에 대응하는 능력이 우수하다.</td><td>.79</td></tr>
<tr><td>인적 자산 (요인 7)</td><td>1. 직원 연수 및 교육 프로그램 등을 지속적으로 개발한다.
2. 직원들의 업무 수행 능력이 뛰어나다.
3. 경영진 및 임원들의 능력이 뛰어나고 전문적이다.</td><td>.69</td></tr>
</table>

기업 커뮤니케이션 차원	통합 커뮤니케이션 (요인 4)	1. 언론의 중요성을 인식하고 언론 활동을 적극적으로 수행한다. 2. 주주/투자자 활동을 적극적으로 수행한다. 3. 기업에 대한 긍정적인 언론 보도가 많다. 4. 기업과 관련하여 발생하는 문제나 이슈적인 위기에 잘 대응한다. 5. 광고 홍보 전문 인력과 예산을 확보하고 있다. 6. 회사의 모든 활동이 일관성과 통합성을 갖는다. 7. 디자인이 통일되어 있고 기업의 특징이 잘 나타난다.	.82
	쌍방 커뮤니케이션 (요인 5)	1. 고객과 직접 커뮤니케이션할 수 있는 창구를 마련하고 있다. 2. 기업 이미지를 긍정적으로 전달하는 광고를 하고 있다. 3. 홈페이지 정보가 잘 정리되어 있고 검색이 용이하다. 4. 홈페이지가 정기적으로 업데이트되고 관리가 잘 되어 있다.	.73
	이미지 관리 (요인 6)	1. 직원들의 회사에 대한 만족도가 높다. 2. 기업철학이나 비전이 외부에 잘 알려져 있다. 3. 기업의 상징이나 로고, 디자인 등이 기업 이미지와 일치된다.	.60

3 IMC 실행 수준 측정 척도

구성개념

통합적 마케팅 커뮤니케이션(Integrated Marketing Communication: IMC) 초창기인 1989년 4As(American Association of Advertising Agencies)에 의한 IMC의 개념적 정의는 "광고, 다이렉트 마케팅, 판촉, 홍보 등 다양한 커뮤니케이션 수단들의 전략적인 역할을 인식하고 이들 수단들을 명료화하고 일관적이며 최대한의 커뮤니케이션 효과를 거둘 수 있도록 결합하는 마케팅 커뮤니케이션 계획"이었다. 그러나 이 개념적 정의와는 달리 IMC에 대한 조작적 정의는 마케팅의 추세에 따라 역동적으로 확장해 간다고 할 수 있으며, 이러한 역동적인 변화를 수용할 수 있는 IMC의 다양한 차원들이나 그에 대한 구체적인 측정 항목의 구체적인 논의는 매우 부족한 상태이다. 따라서 이 연구에서는 IMC의 실행 수준의 측정을 위해 IMC의 개념을 세 가지 차원으로 구분하였다. 첫째는 일관된 메시지 중심의 IMC, 둘째는 목표 고객 및 의사결정 단계에 따른 차별화된 커뮤니케이션 중심의 IMC, 셋째는 고객과의 관계 증진 목적의 개별화된 커뮤니케이션 중심의 IMC다. 일관된 메시지 중심의 IMC가 일관성 있는 상표 이미지의 구축에 목표를 두고 있는 다분히 상표 중심적인 관점을 채택하고 있다면, 개별적인 커뮤니케이션 중심의 IMC는 상표의 이미지보다는 고객과의 쌍방향 커뮤니케이션을 통한 관계의 증진이라는 보다 소비자 지향적인 관점을 채택하고 있다고 볼 수 있다. 그리고 차별화된 커뮤니케이션 중심의 IMC는 그 중간 단계에 위치한 다고 할 수 있다.

기술

상표 이미지의 통합적 관리 차원(5개 문항), 고객 세분화의 다양성 차원(5개 문항), 고객 정보 기반의 행위 중심적 커뮤니케이션 활동 차원(4개 문항), 기존 고객과의 관계 차원(4개 문항)에 대해 동의 정도를 묻는 18개 문항으로 구성된 5점 Likert 척도다.

개발

항목 개발 단계, 항목 정화 단계, 항목의 신뢰성 및 타당성 검증 단계의 3단계를 거쳐 진행되었다. 항목 계발 단계에서 일관된 메시지 중심의 IMC 항목 12개(2개 세부 차원 각각 6개씩), 차별화된 커뮤니케이션 중심의 IMC 항목 12개(2개 세부 차원 각각 6개씩), 개별적인 커뮤니케이션 중심의 IMC 항목 15개(3개 세부 차원 각각 6개, 5개, 4개)의 총 39개 항목을 개발하여 4단계를 거쳐 정화하였다. 1단계에서는 열 명의 마케팅 담당 실무자에게 항목들에 대해 동의하는 정도를 5점 척도로 묻고, 응답하기 어려웠거나 의미가 모호한 항목 또는 실무를 적절히 반영하고 있지 못한 항목 등을 지적하게 하였다. 2단계에서는 IMC 전문가 다섯 명에게 세 개의 IMC 차원의 적합성 및 수정 · 첨가되어야 할 항목 등에 대해 검토해 줄 것을 요청하였다. 3단계에서는 수정된 항목들에 대해 광고대행사 마케팅 리서치 담당자 세 명에게 설문지의 내용이 애매하거나 응답하기 어려운 항목 등의 전반적인 검토를 의뢰하였다. 최종 확정된 항목은 43개로 구성되었다. 4단계에서는 155명의 실무자에게 43개 항목에 대해 5점 척도로 응답하게 하였다. 먼저 일곱 개의 세부 차원에 대해 Cronbach의 α를 계산한 후 전체 항목과의 상관계수가 현저히 낮은 개별 항목 다섯 개를 제거하였다. 38개의 항목을 가지고 반복적인 탐색적 요인분석을 실행하였다. 즉, 요인분석 수행 후 특정 요인에 대한 요인 적재치가 .60에 이르지 못하거나 특정 요인에 대한 요인 적재치가 .60을 초과하더라도 다른 요인들에 대한 요인 적재치가 .35 이상인 항목을 하나씩 제거하였다. 그 결과 18개 항목으로 구성된 네 개 요인이 추출되었으며, 그 설명변량은 62.3%로 나타났다.

표본

국내 500대 기업에 근무하면서 특정 브랜드를 1년 이상 관리한 실무 경력자를 대상으로 하였다. 업종별로는 제조업 78명, 금융 서비스업 19명, 유통 서비스업 25명, 정보통신 서비스업 14명, 기타 19명이었다.

신뢰도와 타당도

내적 일치도(α)의 경우, 상표 이미지의 통합적 관리 차원은 .819, 고객 세분화의 다양성 차원은 .827, 고객 정보 기반의 행위 중심적 커뮤니케이션 활동 차원은 .763, 그리고 기존 고객과의 관계 차원은 .817이었다.

출처

박찬욱 (2001). IMC 실행 수준의 측정을 위한 다차원 척도 개발에 관한 연구. 광고학연구, 12(2), 7-28.

참고문헌

해당 자료 없음.

척도문항

상표 이미지의 통합적 관리 차원

1. 우리 회사에서는 모든 제작물(광고물, 홍보물, 포장, DM, POP, 웹페이지 등)에 대해 전달하고자 하는 메시지가 일관성 있게 표현되고 있는지를 검토한다.
2. 우리 회사에서는 모든 제작물에서의 시각적 요소들(로고, 브랜드 마크, 색깔, 모델 등)이 동일하게 유지되고 있다.
3. 우리 회사에서는 모든 제작물에서 슬로건 등의 언어적 요소가 동일하게 유지되고 있다.
4. 우리 회사에서는 일관성 있는 브랜드 이미지의 유지를 마케팅 커뮤니케이션의 가장 중요한 목표 중의 하나로 삼고 있다.
5. 우리 회사는 브랜드 이미지를 상황에 따라 그때그때 바꾸지 않고 장기적인 관점에서 지속적으로 유지해 나가고 있다.

고객 세분화의 다양성 차원

6. 우리 회사는 구매자와 사용자가 다를 경우 구매자와 사용자를 별도로 하는 마케팅 커뮤니케이션 전략이 수행된다.
7. 우리 회사에서는 2개 이상의 목표 시장을 설정하는 것이 바람직할 것인지에 대한 논의가 충분히 이루어진다.
8. 우리 회사에서는 단일 브랜드 이미지를 유지할 것인지 혹은 복수 브랜드 이미지를 창출할 것인지에 대한 논의가 충분히 이루어진다.
9. 우리 회사에서는 마케팅 커뮤니케이션 전략을 수립할 때 소비자의 구매 과정(상품에 대한 인지, 정보 탐색, 매장 방문, 구매 등)에 대해 면밀히 검토한다.
10. 우리 회사에서는 시장 세분화가 지역 변수나 인구통계적 변수뿐만 아니라 고객의 구체적인 행위를 바탕으로 하는 변수를 기반으로도 이루어진다(예: 헤비 유저와 라이트 유저/자사 상표 이용자와 타사 상표 이용자 등).

고객 정보 기반의 행위 중심적 커뮤니케이션 활동 차원

11. 우리 회사는 고객들의 구체적인 행위(전화 주문, 문의전화, 매장 방문, 엽서 회신 등)를 유도하는 마케팅 커뮤니케이션 활동을 전개하고 있다.
12. 우리 회사는 행위적 반응을 보인 소비자들을 대상으로 후속 커뮤니케이션 활동을 실행하고 있다(예: 이벤트 참석자를 대상으로 하는 DM 발송, 광고를 보고 전화를 걸어오는 소비자들을 대상으로 하는 DM이나 쿠폰의 발송 등).
13. 우리 회사에서는 마케팅 커뮤니케이션 과정에서 발생되는 고객 정보를 반드시 수집하여 축적하도록 되어 있다.
14. 우리 회사에서는 고객 정보가 여러 부서를 통해 들어오더라도 하나의 데이터베이스로 통합된다.

기존 고객과의 관계 차원

15. 우리 회사는 기존 고객들과의 관계 강화를 위한 마케팅 커뮤니케이션 활동을 활발히 수행하고 있다(예: 고객상담실 운영, 생일 축하카드 발송 등).
16. 우리 회사는 기존 고객을 유지하고 활성화시키는 것이 신규 고객을 대상으로 시장을 넓혀 가는 것 못지않게 중요하다고 판단하고 있다.
17. 우리 회사에서는 기존 고객들의 만족도 제고를 통해 지속적 구매를 유도하는 커뮤니케이션 전략이 강조되고 있다.
18. 우리 회사는 고객과의 관계 강화를 통해 고객 개개인으로부터 장기간에 걸쳐 지속적인 수익을 창출해 나가려는 노력을 기울이고 있다.

4 기업 명성 척도

구성개념

윤각과 조재수(2007)는 기업 명성이 "장기간에 걸친 한 기업에 대한 스테이크홀더의 전반적인 평가"라고 한 Gotsi와 Wilson(2001, p. 29)의 정의를 따랐다.

기술

13개 항목으로 구성된 5점 척도(① 전혀 그렇지 않다 …… ⑤ 매우 그렇다)다.

개발

Fombrun, Gardberg와 Sever(2000)가 사용한 총 20개의 문항으로 구성된 명성지수(Reputation Quotient)를 활용하였다.

표본

생활용품(휴지, 여성 위생용품, 기저귀 등) 분야에서 국내의 두 선도 기업의 제품을 직접 사용해 본 여성을 대상으로 온라인 설문 방식을 활용하여 설문조사를 실시하였다. 조사에 참여한 820명 중 806명의 자료가 분석에 활용되었다. 응답자들의 연령대는 30대가 41%, 40대와 20대가 각각 25%와 24%, 그리고 50대가 10%였다. 직업별로는 전업주부가 72%, 회사원이 14%, 전문직이 5%, 자영업이 4%, 학생 2%, 그리고 기타 3%였다.

신뢰도와 타당도

탐색적 요인분석 결과 세 개의 요인, 즉 사회 공헌(설명변량 23.17%, 고유값 3.40), 비전(설명변량 19.49%, 고유값 3.37), 그리고 능력(설명변량 16.61%, 고유값 3.00)으로 묶였다. 이들 세 개 요인의 최종 내적 일치도(α)는 사회 공헌이 .83, 비전이 .76, 그리고 능력이 .72였다.

출처

윤각, 조재수 (2007). 기업의 사회적 책임 활동 인식에 영향을 미치는 요인들에 관한 연구. 광고연구, 75, 163-186.

참고문헌

Gotsi, M., & Wilson, M. (2001). Corporate reputation: Seeking a definition. *Corporate Communications: An International Journal, 6*(1), 24-30.

Fombrun, C., Gardberg. A., & Sever, J. (2000). The Reputation Quotient: A multi-stakerholder measure corporate reputation. *Journal of Brand Management,* 7(4), 241-255.

척도문항

요인 1: 사회 공헌

1. 이 기업은 인간의 가치를 존중한다.
2. 이 기업은 환경보호에 관심이 많다.
3. 이 기업은 관리가 잘되고 있다.
4. 이 기업은 우수한 직원을 가진 회사라고 생각한다.

요인 2: 비전

5. 이 기업은 업계에서 뛰어난 리더십을 가지고 있다.
6. 이 기업은 미래에 대한 명확한 비전을 가지고 있다.
7. 이 기업은 가격에 걸맞은 제품을 생산한다.
8. 나는 이 기업에 대해 좋은 느낌을 갖고 있다.
9. 이 기업은 향후 성장 가능성이 높아 보인다.

요인 3: 능력

10. 이 기업은 투자 위험성이 낮다.
11. 이 기업은 경쟁 기업보다 재정적 성과에 있어 앞서 있다.
12. 이 기업은 예전부터 수익성이 높은 기업이다.
13. 이 기업은 혁신적인 제품/서비스를 개발한다.

5 기업 개성 측정 척도

구성개념

김광수와 정선욱(2000)은 기업 개성을 "기업과 연관되어 있는 인간적인 특성의 집합"으로 정의하였다. 즉, 기업 개성은 소비자가 기업과 상호작용하는 과정에서 사람처럼 인식되는 특성에 관한 인지 구조라고 볼 수 있다고 하였다. 따라서 특히 개인의 성격에 포함되는 전형적인 단위들과 유사한 차원에서 기업을 지각하는 방법을 기업 개성이라고 정의하였다. 그들은 사람의 성격에 관한 이론 중 특성(trait) 이론에 기초하여 접근하였다.

기업 개성은 기업 이미지와 연계되어 종종 논의되고 있다. 이 분야의 연구는 대체로 두 분야, 즉 기업 이미지와 기업 개성을 동일시하는 연구와 기업 이미지의 하위 차원으로 기업 개성을 접근하는 연구로 구분될 수 있다. 전자의 연구 분야에서 기업 개성과 기업 이미지는 상호 교환적으로 사용되고 있다. Dowling (1988, 1993), Preece, Fleisher와 Toccacelli(1995), 유태용(1994, 1995)의 연구들이 이런 분야의 연구에 속한다. 후자의 연구 분야는 개성을 이미지로 보는 시각과는 달리 개성을 이미지의 하위 차원 중 한 가지로 보는데, 서태원(1998)은 기업 이미지를 전반적인 호감도, 기업 개성 및 기업 명성의 세 개 차원으로 구분하여 접근하였다.

기술

39개의 항목을 4점 척도(① 전혀 아니다 …… ④ 매우 그렇다)로 측정하였다.

개발

사전조사를 통하여 기업 개성의 차원을 측정하는 데 적절한 언어를 수집하였다. 대학생을 대상으로 자신이 알고 있는 기업을 기술한 다음 그 기업에 대해 머릿속에서 떠오르는 생각이나 느낌을 기술하는 개방형 설문을 통하여 총 241개의 용어를 얻었다. 이 외에 사람의 성격 연구를 통해 밝힌 다섯 개의 차원을 구성하는 용어(Saucier & Ostendorf, 1999), 브랜드 개성의 특성 용어(Aaker, 1997), 기업 인상의 특성 용어(유태용, 1995) 등에서 110개의 용어를 더 선정하였다. 그리고 이들 총 351개의 특성 용어를 반으로 나누어 각각 대학원생 10명에게 기업을 적절하게 묘사하는가를 평가하도록 하였다. 그 결과 적절하다고 평가한 빈도가 8 이상인 특성 용어를 1차 선정하였고, 본 연구자들에 의해 다시 한 번 적절성을 최종 평가하여 최종 64개의 특성 용어를 선정하였다. 조사를 위한 대상 기업은 TV 매체 광고 순위(광고정보, 2000년 3월)를 기준으로 16개로 한정하였다. 이들 기업은 둘씩 짝지어 하나의 설문지에 구성함으로써 여덟 종의 설문지를 작성하였다.

이런 과정을 통하여 얻어진 자료를 기업 개성의 차원을 추출하기 위해 탐색적 요인분석(배리맥스 회전)한 결과 64개 문항이 12개의 요인으로 축약되었다. 그러나 스크리 플롯에 의해 고유값이 2 이상인 다섯 개의 요인이 확인되었으며, 이들 요인들의 누가 설명변량은 약 53%였다. 그리고 다섯 개의 요인에서 요인부하량이 .5 이상이면서 요인 간의 부하량 차이가 .2 이상인 측정 문항만을 추출한 결과 최종 39개의 문항이 검출되었다.

표본

사전조사는 대학생 161명을 대상으로 하였고, 기업 개성의 차원을 분석하기 위한 조사에는 서울 소재 대학교 두 곳에 재학 중인 학생 총 535명이 참여하였다. 성별로는 남자가 64.3%(344명), 여자가 35.7%(191명)였고, 연령별로는 10대가 5명, 20대가 510명, 30대가 20명이었다.

신뢰도와 타당도

다섯 개의 차원을 구성하는 문항들 간의 내적 일치도(α)는 신뢰성이 .85, 선도

〈표 8-1〉 회귀방정식의 결과

독립변수	β값	t값
신뢰성	.332*	7.47
선도성	.282*	5.88
실리성	-.349*	-.789
적극성	.052	1.03
여성성	.187*	4.44

*p<.001

성이 .83, 실리성이 .88, 적극성이 .84 그리고 여성성이 .76이었다.

기업 개성의 예측타당도를 알아보기 위해 기업에 대한 호감도를 종속변수로 하고 기업 개성의 각 차원을 독립변수로 하여 회귀방정식을 알아보았다(〈표 8-1〉 참조). 5개 차원에 의한 호감도의 설명변량은 53.9%(p<.001)였다.

〈표 8-1〉에서 알 수 있듯이, 적극성을 제외한 네 가지 개성 차원의 영향력은모두 유의하였다. 그리고 실리성 요인은 가장 큰 베타값을 가지고 부적인 방향으로 영향을 끼치고 있다.

출처

김광수, 정선욱 (2000). 기업 개성의 측정에 관한 탐색적 연구. 한국심리학회지: 소비자·광고, 1(1), 103-121.

참고문헌

서태원 (1998). 기업 이미지 연구의 구심화와 원심화: 관련 연구의 개관 및 전략적 응용. 서강대 언론문화연구, 15, 137-171.

유태용 (1994). 기업 이미지를 나타내는 특성 용어들의 요인구조 탐색. 한국심리학회지: 산업 및 조직, 7(1), 29-54.

유태용 (1995). 기업 이미지 측정을 위한 모델 개발 연구. 한국심리학회지: 산업 및 조직, 8(1), 141-159.

Aaker, J. (1997). Dimensions of brand personality. *Journal of Marketing Research, 34*, 347-356.

Dowling, G. (1988). Measuring corporate images: A review of alternative approaches. *Journal of Business Research, 17*, 27-34.

Dowling, G. (1993). Developing your company image into a corporate asset. *Long Range Planning, 26*(2), 101-109.

Preece, S., Fleisher, C., & Toccacelli, J. (1995). Building a reputation along the value chain at Levi Strauss. *Long Range Planning, 28*(6), 88-98.

Saucier, G., & Ostendorf, F. (1999). Hierarchical subcomponents of big five personality factors: A cross-language replication. *Journal of Personality and Social Psychology, 76*(4), 613-627.

척도문항

요인 1: 신뢰성

1. 내실 있다
2. 튼튼하다
3. 안정적이다
4. 성실하다
5. 책임감 있다
6. 믿음직하다
7. 실력 있다
8. 일관성 있다
9. 실제적이다

요인 2: 선도성

10. 현대적이다
11. 최신식이다
12. 세련되었다
13. 앞서간다
14. 창의적이다
15. 상상력이 있다
16. 혁신적이다

17. 젊다
18. 고급스럽다
19. 독특하다
20. 보수적이다

요인 3: 실리성

21. 위선적이다
22. 계산적이다
23. 돈으로 해결한다
24. 욕심이 많다
25. 독선적이다
26. 신경질적이다
27. 사무적이다

요인 4: 적극성

28. 대담하다
29. 저돌적이다
30. 야성적이다
31. 결단성이 있다
32. 공격적이다
33. 사내답다
34. 단호하다

요인 5: 여성성

35. 상냥하다
36. 부드럽다
37. 여성적이다
38. 따뜻하다
39. 감상적이다

저자 소개

이상빈

전 전북대학교 언론심리학부 교수

현 전북대학교 명예교수

리대룡

전 중앙대학교 광고홍보학과 교수

현 중앙대학교 명예교수

박희랑

전 성균관대학교 BK 21 연구교수

한국닐슨 선임연구원

광고 회사 이엑스 차장

ORC 코리아 실장

컨설팅 회사 메이트원 이사

현 무주군청 마케팅팀 팀장

마케팅 · 광고척도 핸드북 II

2009년 1월 1일 1판 1쇄 인쇄
2009년 1월 10일 1판 1쇄 발행

지은이 • 이상빈 · 리대룡 · 박희랑
펴낸이 • 김 진 환
펴낸곳 • (주) 학지사
주소 • 121-837 서울시 마포구 서교동 352-29 마인드월드빌딩 5층
대표전화 • 02)330-5114 팩스 02)324-2345
홈페이지 • http://www.hakjisa.co.kr
등록 • 제313-2006-000265호

ISBN 978-89-93510-36-2 93180

정가 15,000원

학지사는 깨끗한 마음을 드립니다

아들러 상담이론과 실제

Thomas J. Sweeney 저
노안영 · 강만철 · 오익수 · 김광운 · 송현종 · 강영신 · 오명자 공역

2005년 · 사륙배판변형 · 536면

학교진로상담(2판)

김봉환 · 정철영 · 김병석 공저

2006년 · 사륙배판변형 · 480면

자폐아동을 위한 표현예술치료(2판)

김양순 저

2008년 · 신국판 · 312면

놀이치료를 통한 부모-자녀 관계치료

Garry L. Landreth · Sue C. Bratton 공저
김양순 역

2008년 · 사륙배판변형 · 616면

문학치료(2판)

변학수 저

2007년 · 크라운판 · 336면

문제해결요법

Thomas J. D' Zurilla · Arthur M. Nezu 공저
박권생 · 최이순 공역

2008년 · 신국판 · 448면

자아초월 심리학과 정신의학

Bruce W. Scotton · Allan B. Chinen · John R. Battista 공편
김명권 · 박성현 · 권경희 · 김준형 · 백지연 · 이재갑 · 주혜명 · 홍혜경 공역

2008년 · 크라운판 · 576면

깨달음의 심리학

Joan Welwood 저
김명권 · 주혜명 공역

2008년 · 신국판 · 440면

상처받은 내면아이 치유

John Bradshaw 저
오제은 역

2004년 · 사륙배판변형 · 408면

자살의 이해와 예방

한국자살예방협회 편

2007년 · 사륙배판변형 · 480면